쉴라's English DIAGRAM

Vocalips 보카립스

All rights reserved. No part of this publication may be reproduced, stored in a retrieval system, or transmitted, in any form or by any means, without the prior written permission of the copyright owner.

초판 인쇄일	2015년 7월 07일
초판 발행일	2015년 7월 15일
2쇄 발행일	2018년 10월 31일
ISBN	979-11-86335-03-1
발행인	엄성숙 (嚴性淑)
발행처	잉클윙클 출판사, 02-867-8671, www.diagram1.co.kr
신고번호	제 25100-2009-000042 호

쉴라, 엄성숙(Sheila)
저자

장소영 (Lucci)

Sheila 캐릭터 디자인
일러스트 그래픽 디자인

이덕규 (DK)

편집 기획
북 & 표지 디자인

이지선 (Vanessa), 조은혜

인디자인 편집 보조
영상 모니터링

박찬욱 (Ma-son)

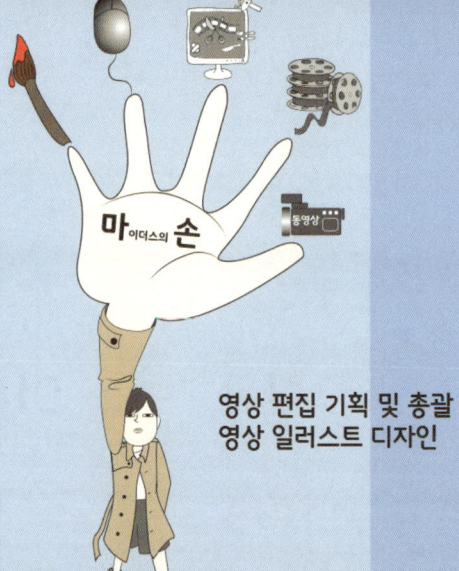

영상 편집 기획 및 총괄
영상 일러스트 디자인

Samantha, Hasso

MP3 녹음
보카립스 검수

Vocalips 보카립스

New VOCALIPS SEASON 1

엄성숙 지음
쉴라 [Sheila]

New VOCALIPS SEASON 1
New 보카립스 시즌 1

Vocalips 보카립스

Why were you born?

보카립스 탄생의 배경

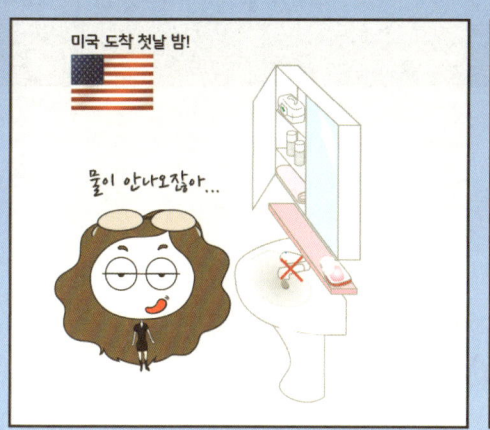

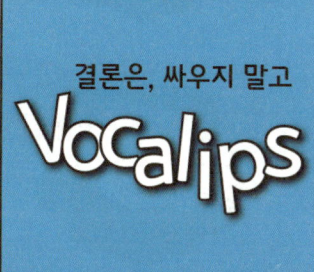

Prologue '다. 다. 다'

울렸다.

책장에 '학습용'이 아닌 '장식용'이 되어 일렬로 서 있는
영어책들이 내 마음을 울렸다.

슬펐다.

반드시! '끝~까지' 공부하겠다는 의지로 구입한
수없이 많은 영어책, 내게서 지금껏 외면당한 그 책들을
볼 때마다 돈 아까워 슬펐다.

지겹다!

이런 독백들...
'내가 저 책을...언제 샀더라?', '아~저 책도 있었네?',
'이 책은 또 뭐지...?' '중고로 판매하면 돈 천 원 주려나?'
이런 되새김들이 지겹다.

싫었다.

분명 한국말로 번역되어있는데...한쿡, 미쿡말인지 도무지
뭔 말인지 모르겠다. 문법 설명 몇 줄 빽빽이 늘어서 있지만
이해가 안 가... 탐정 소설처럼 내게 늘 의문을 남기던....그런
영어책들이 난 싫었다.

찾았다.

단어도, 문장도, 문법도 궁금증이 필요 없는 책,
책 안에서 모든 것이 소화 가능한 친절한 금자씨가 보는
영어책을 난 찾았다.

바랐다.

Easy하고 Fun한데, 착하게 공부도 잘되는
"Thank you" 할 수 있는 영어책을 바랐다.

Prologue '다. 다. 다'

꿈꿨다.

밤마다, 틈마다 생각나는 영어책을…!
단, 한 번만이라도 끝까지 공부할 수 있는 영어책을 꿈꿨다.

심 봤다!

포기 수백 번, 다짐 수천 번
안 하려니 불안한 영어, 그래서 또 다시 찾은 서점에서
난 보카립스를 심 봤다!

신난다!

보카립스의 친절한 설명과 구성은 보고, 읽고, 듣는 즉시
다급한 나의 '뇌'를 이해시켰고, 안심시켰다.
때마다 철마다 영어공부로 느꼈던 의문점들도 사라진다.
진짜 신난다!

좋았다!

보카립스는 재미있는 그림으로 내 머리를 쉬게 해 주었고,
그런 쉼은 더 많은 학습 의지와 효과를 만들어 주었다.
그런 친구 같은 보카립스가 난 좋았다!

맺었다.

웃겨서, 쉬워서, 신나서, 정 들어서 "끝까지 보는 영어책"
보카립스!!
부담 제로, 센스 맥스!
그렇게 난 보카립스와 함께 새로운 영어 친구를 맺었다.

Vocalips 학습계획표

"빠르게" 공부 하실 분은 이 계획표를 이용하세요.
매일 한시간씩 공부해서 5일만에 끝내기!

DAY 1

Body
| lecture 1 | lecture 2 | lecture 3 |
| 월 일 | 월 일 | 월 일 |

Face
| lecture 1 | lecture 2 | lecture 3 |
| 월 일 | 월 일 | 월 일 |

DAY 2

Hands and Feet
| lecture 1 | lecture 2 | lecture 3 |
| 월 일 | 월 일 | 월 일 |

House
| lecture 1 | lecture 2 | lecture 3 |
| 월 일 | 월 일 | 월 일 |

DAY 3

Rooms
| lecture 1 | lecture 2 | lecture 3 |
| 월 일 | 월 일 | 월 일 |

Bedroom Furniture
| lecture 1 | lecture 2 | lecture 3 |
| 월 일 | 월 일 | 월 일 |

DAY 4

Living room Furniture
| lecture 1 | lecture 2 | lecture 3 |
| 월 일 | 월 일 | 월 일 |

Kitchen Appliances
| lecture 1 | lecture 2 | lecture 3 |
| 월 일 | 월 일 | 월 일 |

DAY 5

Office Appliances
| lecture 1 | lecture 2 | lecture 3 |
| 월 일 | 월 일 | 월 일 |

Bathroom Things
| lecture 1 | lecture 2 | lecture 3 |
| 월 일 | 월 일 | 월 일 |

Vocalips 학습계획표

"꼼꼼히" 공부 하실 분은 이 계획표를 이용하세요.
매일 30분씩 공부해서 10일만에 끝내기!

DAY 1
Body
| lecture 1 | lecture 2 | lecture 3 |
| 월 일 | 월 일 | 월 일 |

DAY 2
Face
| lecture 1 | lecture 2 | lecture 3 |
| 월 일 | 월 일 | 월 일 |

DAY 3
Hands and Feet
| lecture 1 | lecture 2 | lecture 3 |
| 월 일 | 월 일 | 월 일 |

DAY 4
House
| lecture 1 | lecture 2 | lecture 3 |
| 월 일 | 월 일 | 월 일 |

DAY 5
Rooms
| lecture 1 | lecture 2 | lecture 3 |
| 월 일 | 월 일 | 월 일 |

DAY 6
Bedroom Furniture
| lecture 1 | lecture 2 | lecture 3 |
| 월 일 | 월 일 | 월 일 |

DAY 7
Living room Furniture
| lecture 1 | lecture 2 | lecture 3 |
| 월 일 | 월 일 | 월 일 |

DAY 8
Kitcken Appliances
| lecture 1 | lecture 2 | lecture 3 |
| 월 일 | 월 일 | 월 일 |

DAY 9
Office Appliances
| lecture 1 | lecture 2 | lecture 3 |
| 월 일 | 월 일 | 월 일 |

DAY 10
Bathroom Things
| lecture 1 | lecture 2 | lecture 3 |
| 월 일 | 월 일 | 월 일 |

Vocalips 미리보기

눈봐요

영어단어, 발음기호, 의미를 '눈'으로 보는 "눈봐요" 페이지!

Body [신체]

▶ PLAY 영상 'Body 1'
길이: 12분 51초

그림에 해당하는 단어를 쉴라쌤이 영상에서 자세히 알려드려요!

- head [hed] 머리
- forehead [fɔ́:rhèd] 이마
- shoulder [ʃóuldər] 어깨
- hand [hænd] 손
- neck [nek] 목
- elbow [élbou] 팔꿈치
- wrist [rist] 손목
- waist [weist] 허리
- chest [tʃest] 가슴

강의 영상에서만 다루었던 추가 단어들을 더 학습해 봅시다!

More 보카

1. 'head'에 아픔을 의미하는 단어 'ache[eik]'를 더해 '두통'을 'headache'라 표현한다.
2. 'shoulder bag'은 '어깨'에 메는 가방을, 'waist bag'은 '허리'춤에 차는 가방을 의미한다.
3. 'breast[brest]'는 '여성의 가슴'을 의미하는 단어로, 유방암은 'breast cancer[brest kænsər]'라 한다.
4. 'bust'는 기슴둘레를 잴 때 쓰는 단어로, 'bust shot'은 상반신을 찍는데도 사용된다.
5. 골프나 테니스를 많이 해서 생기는 팔꿈치 통증을 'golf elbow, tennis elbow'라 한다.

사만다(Samantha) 원어민 선생님이 읽어 준 '단어와 문장' MP3 파일을 다운 받아서 공부하세요!
www.diagram1.co.kr 사이트 > 자료실 > MP3파일

미리보기 Vocalips

앞서 배운 단어들이 문장 속에 쏘옥!
Voca + Lips에서 말하는 'Lips=말하기' 타임!
(단어)　(말하기)

더 봐요

Body

영상 'Body 3'
길이 10분 58초

1. I usually go there on foot.
나는 / 주로 / 간다. / 거기에 / 걸어서

Gram on foot : '~에 의해서'라는 '수단'을 표현할 때
쓰지 ~로 표현할 때는 '관사(a, the)'를
[버스로], by subway [지하철로],
Idiom by b~ school **by bus**. ~로, by taxi [택시로]

PMP1 I g~ ~ 학교에 ~ by bus.
I go to work **by subway**.

강의 영상에서는 1 ~ 3번까지
문장의 구조를 분석하고 설명해줘요!
4~6번 문장은 셀프 스터디!

Gram 다이아그램 = DIA GRAM
문장속의 영어 구조를 간략히 설명해 드려요!

Idiom Idiom = 숙어

PMP Practice Makes Perfect. [연습은 완벽함을 만든다.]
더 많은 문장 연습하기!

Refer Refer = 참조하다
앞서 나온 다이아그램 설명과 그림을 참조해주세요!

2. Cr~
울어~

Gram~
PMP1~

More 보카

usually [júːʒuəli] 주로
go [gou] 가다
there [ðər] 거기에
taxi [tæksi]
school [skuːl] 학교
work [wəːrk] 일(하다)
cry [krai] 울다
raise [reiz] ~을 올리다
floor [flɔːr] 바닥, 층

room [ruːm] 방
door [dɔːr] 창구
have [hæv] ~을 가지고 있다, ~을 앓다
stomachache [stʌməkeik] 복통
headache [hedeik] 두통
fever [fíːvər] 열
cold [kould] 감기
to~
tummyache [tʌmieik] 배
beer belly [biər beli] 뚱배

문장 속에 들어 있는
더 많은 단어를 공부해 보세요!

Vocalips 미리보기

셤봐요

내가 외운 단어들이 머릿속에 잘 있는지
테스트 해 보기! '시험봐요 = 셤봐요'

Body [신체]

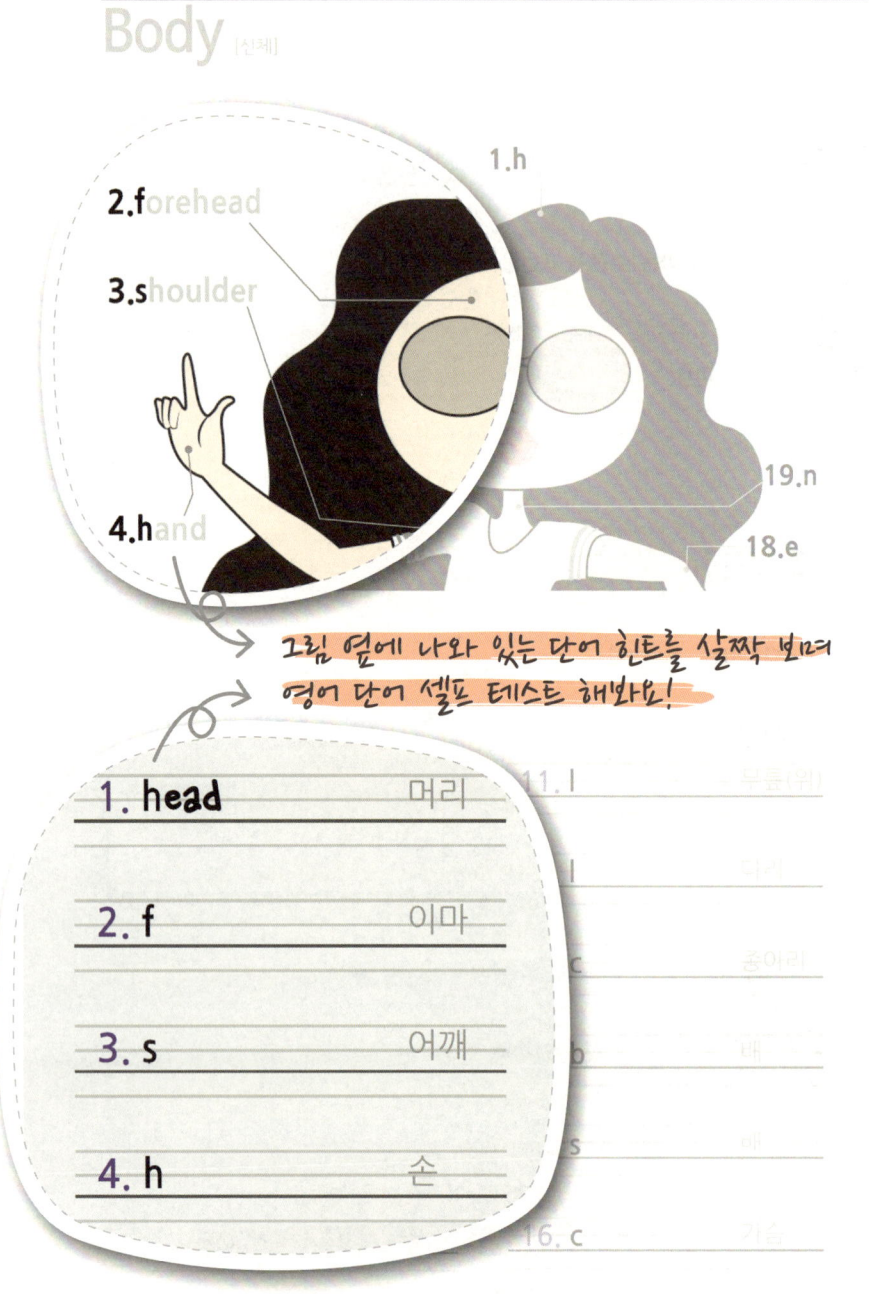

그림 옆에 나와 있는 단어 힌트를 살짝 보며
영어 단어 셀프 테스트 해봐요!

1. head   머리
2. f   이마
3. s   어깨
4. h   손

미리보기 Vocalips

앞서 배운 문장들을 직접 써보는 시간!   써봐요

Body

1. I usually [go] there on [　　].
   나는   주로   간다.   거기에   걸어서

2. [　　] on my [　　　　]!
   울어요!   내 어깨에 기대어

   Answer cry, shoulder

↳ '보라색 한글'을 참고하며 단어들을 채워보세요!

3. I [　　　] a [　　　].
   나는 가지고 있다.   배 통증을 [= 배가 아프다]

---

1. 나는 / 주로 / 간다. / 거기에 / 걸어서
         usually go   there on foot

   ✎ I usually _____

   Answer I usually go there on foot.

2. 울어요! / 내 어깨에 기대어
   Cry   on my shoulder

   ✎ _____

   Answer Cry on my shoulder!

3. 나는 / 가지고 있다. / 배 통증을 [= 배가 아프다]

↳ 전체문장(Full sentence)을 한국말을 보며 써 보세요!
✎ 혹시 기억이 안난다면 아래의 힌트들을 참고 하세요.

   Answer I have a stomachache.

4. 그녀는 / 찧었다. / 그녀의 무릎을 / 모서리에 / 책상의

Vocalips 미리보기

쉴라의 손그림

영상에서 만나실 수 있는 쉴라만의 손그림과 함께 유용한 단어와 표현을 더 배울 수 있는 페이지!

영상에서 만났던 쉴라의 손그림

▶ PLAY 영상 'Body 1'
2분 37초에 만나보세요.

1. neck and neck

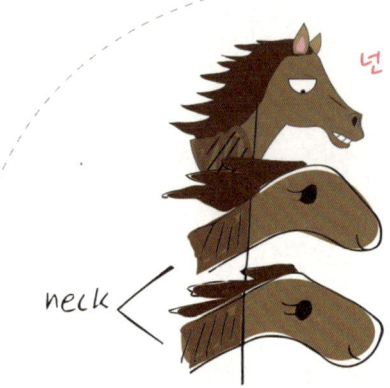

넌 누구냐?!

neck

neck and neck

'목'을 의미하는 단어로, 말들이 경주를 할 때 '막상막하'로 달리는 ...갈리는 모습에서 나온 표현이다.

...ock(목과 목)은 '막상막하'의 의미를 가진다. ...리는 말들의

즉, neck and neck(목과 목)은 '막상막하'의 의미를 가진다.

쉴라 선생님만의 독특한 그림과 설명을
책에서 한번 더 되새김 해보세요!

PMP1 They were **neck and neck** in the game.
그들은 / 이었다. / 막상막하 / 게임에서

배운 것은 절대 놓치지 않는다!
PMP(Practice Makes Perfect!) 추가 문장으로
확실하게 기억 도장 찍기!

미리보기 **Vocalips**

속담립스

우리가 배운 단어들이 '속담'과 '표현' 안에 쏘옥!
재미있는 일러스트와 함께 기억해 보는 페이지!

Words of Wisdom
속담립스

'House(집)편'에서 rock(바위)을 공부하며 강의에서 함께 만나본 단어, 'stone(돌)'이랍니다! rock과 stone 둘 다 '돌'로 같이 쓰이지만, 일반적으로 rock은 자연에 있는 '커다란 바위'를 뜻하며, stone은 손으로 집어 들 수 있는 '작은 사이즈의 돌'을 의미합니다. 이번에는 'stone'을 이용한 속담 만나볼게요!

배운 단어를 복습하고 일러스트로 속담과 표현 이해해보기!

+. 일석이조

<u>Kill</u>　<u>two birds</u>　<u>with one</u> <u>stone</u>.

직역 : 죽여라 / 두 마리 새들을 / 하나의 돌로
의역 : 하나의 돌을 던져 두 마리의 새를 잡는다.
Tip : 한 번의 행동으로 '동시에' 두 가지 이득을 보는 것을 의미하는 속담이다.

본격적으로 '숙어'와 '표현' 학습하기!

Vocalips Contents

1. Body [신체]
18p

2. Face [얼굴]
34p

3. Hands & Feet [손과 발]
50p

4. House [집]
68p

5. Rooms [방]
84p

Contents

6. Bedroom Furniture [침실가구]
100p

7. Living room Furniture [거실 가구]
116p

8. Kitchen Appliances [주방기기]
134p
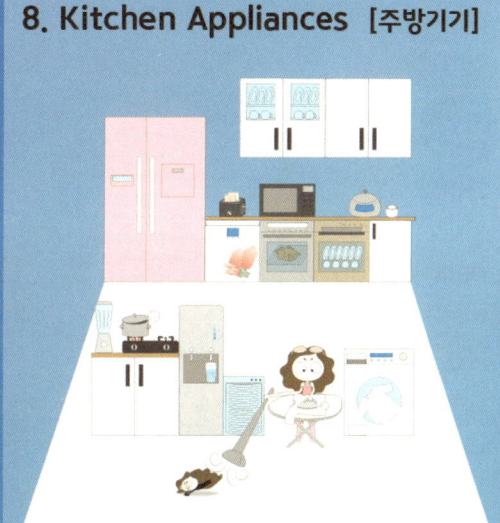

9. Office Appliances [사무기기]
150p

10. Bathroom Things [욕실용품]
166p

Appendix [부록]   182p.

01

Body [신체]

head
forehead
hand
shoulder
neck
elbow
chest
waist
stomach
belly
belly button
wrist
leg
thigh
lap
shin
knee
calf
ankle

1. Body

Body [신체]

▶ 영상 'Body 1'
길이: 12분 51초

More 보카

1. 'head'에 아픔을 의미하는 단어 'ache[eik]'를 더해 '두통'을 'headache'라 표현한다.
2. 'shoulder bag'은 '어깨'에 메는 가방을, 'waist bag'은 '허리'춤에 차는 가방을 의미한다.
3. 'breast[brest]'는 '여성의 가슴'을 의미하는 단어로, 유방암은 'breast cancer[brest kǽnsər]'라 한다.
4. 'bust'는 가슴둘레를 잴 때 쓰는 단어로, 'bust shot'은 상반신을 찍는 촬영용어로 사용된다.
5. 골프나 테니스를 많이 해서 생기는 팔꿈치 통증을 'golf elbow, tennis elbow'라 한다.

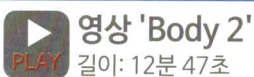

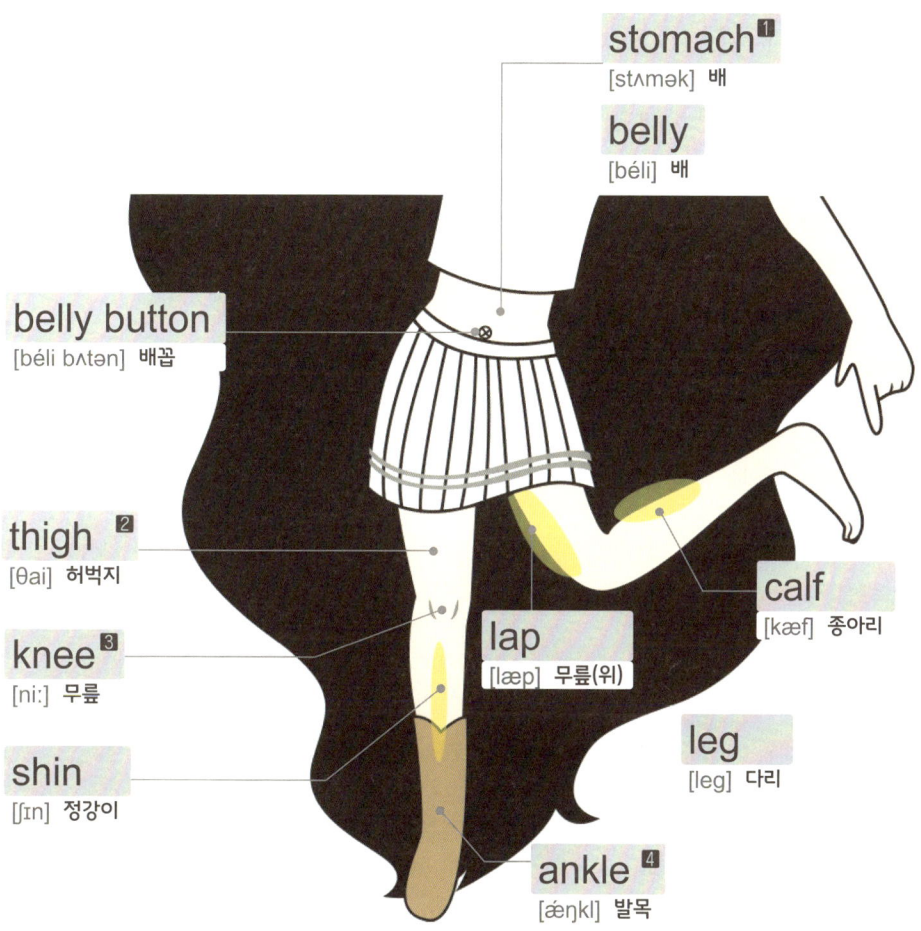

More 보카

1. 'stomach'에 '아픔'을 의미하는 단어 'ache'를 더해 복통을 'stomach**ache**'라 표현한다.
2. 'thigh'는 허벅지를 의미하며, 'lap'은 앉았을 때 생기는 '무릎 윗부분'의 허벅지를 의미한다.
3. 무릎이 접히는 joint (관절) 부분을 'knee'라 하고, on my knees는 '나의 무릎을 꿇고'의 표현으로 사용된다.
4. 'ankle boots[buːts]'는 발목까지 오는 부츠를 뜻한다.

21

Body [신체]

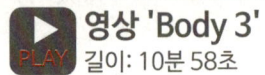 영상 'Body 3'
길이: 10분 58초

1. I usually go there on foot.
나는 / 주로 / 간다. / 거기에 / 걸어서

Gram on a foot : '~에 의해서'라는 '수단'을 표현할 때는 '관사(a, the)'를 쓰지 않는다.
Idiom by bus [버스로], by subway [지하철로], by taxi [택시로]
PMP1 I go to school **by bus**.
나는 / 간다. / 학교에 / 버스로
PMP2 I go to work **by subway**.
나는 / 간다. / 일하러 / 지하철로

2. Cry on my shoulder!
울어요! / 내 어깨에 기대어

Gram '동사' 원형인 'Cry~'로 시작되는 문장은 '명령문'이다.
PMP1 Don't cry!
울지 마요!
PMP2 Raise your hand!
들으세요! / 당신의 손을 (= 손을 들다)

on, in, at의 차이

on	on the first floor : 1 층에	표면, 면을 표현하는 전치사
in	in the room : 방안에	공간을 표현하는 전치사
at	at the door : 입구에서	정확한 장소나 시간의 지점을 표현하는 전치사

3. I have a stomachache.
나는 / 가지고 있다. / 배 통증을 [= 배가 아프다.]

Gram 'have'동사는 '①~을 가지다'와 '②~을 먹다'의 의미로 매우 자주 사용된다.

PMP1 I <u>have</u> a headache.
　　　나는 / 가지고 있다. / 두통을

PMP2 I <u>have</u> a fever.
　　　나는 / 가지고 있다. / 열을

PMP3 I <u>have</u> a cold.
　　　나는 / 감기에 걸렸다.

PMP4 Mom, my tummy hurts. = I <u>have</u> a tummyache.
　　　엄마 / 　나의 배가 / 　아파요. = 나는 / 가지고 있다. / 배 통증을
　　　▷ 'tummy(배)'는 주로 아이들이 사용하는 표현

PMP5 I <u>have</u> a beer belly.
　　　나는 / 가지고 있다. / 똥배를

More 보카

usually [júːʒuəli] 주로	room [ruːm] 방
go [gou] 가다	door [dɔːr] 입구
there [ðər] 거기에	have [həv] ~을 가지다, ~을 먹다
foot [fut] 발	stomachache [stʌməkeik] 복통
bus [bʌs] 버스	headache [hedeik] 두통
subway [sʌbwèi] 지하철	fever [fíːvər] 열
taxi [tǽksi] 택시	cold [kould] 감기
school [skuːl] 학교	tummy [tʌmi] 배
work [wəːrk] 일하다	hurt [həːrt] 아픔을 주다
cry [krai] 울다	tummyache [tʌmièik] 배 통증
raise [reiz] ~을 들다	beer belly [biər béli] 똥배
floor [flɔːr] 바닥, 층	

Body [신체]

4. She hit her knee on the corner of the desk.
그녀는 / 찧었다. / 그녀의 무릎을 / 모서리에 / 책상의

Refer 앞의 2번문장 전치사 설명 참고

PMP1 That car **hit** the wall.
저 차는 / 쳤다. / 그 벽을

PMP2 This truck **hit** the man.
이 화물차가 / 쳤다. / 그 남자를

동사 변형	hit	hit	hit	~와 부딪히다. ~을 때리다, 치다.
	Root [동사원형]	과거동사	과거분사	

5. He has a small scar on his forehead.
그는 / 가지고 있다. / 작은 흉터를 / 그의 이마에

Gram ① 주어가 '나', '너'를 제외한 '그, 그녀'인 3인칭 단수이고, 동사의 시제가 '현재'일 때, 일반동사에 '-s/es'를 붙이며, have 동사는 "has"로 변신한다. ② **3인칭단수란**? He, She, Bob(=He), My mother(=She), My brother(=He) 등을 의미하며 ③ **일반동사란**? 사랑하다, 먹다, 놀다, 자다(love, eat, play, sleep) 등의 '의미'를 가진 모든 동사를 의미한다.

on, in, at의 차이

on	on the desk : 책상위에	표면, 면을 표현하는 전치사
in	in the building : 건물안에	공간을 표현하는 전치사
at	at 7 o'clock : 7시에	정확한 장소나 시간의 지점을 표현하는 전치사

6. I shook hands with the actor.
나는 / 악수했다. / 그 배우와

Idiom shake hands with ~ : ~와 악수하다
PMP1 Wash your hands!
씻어라! 당신의 손을

동사변형	shake	shook	shaken	~을 흔들다.
	Root [동사원형]	과거동사	과거분사	

More 보카

hit [hit]-hit [hit]-hit [hit] ~와 부딪히다	scar [skɑːr] 흉터
corner [kɔːrnər] 모서리	desk [desk] 책상
desk [desk] 책상	building [bíldiŋ] 건물
car [kɑːr] 차	o'clock [əklák] 시
wall [wɔːl] 벽	shake [ʃeik] ~을 흔들다
truck [trʌk] 화물차	with [wəð] ~와
man [mæn] 남자	actor [ǽktər] 배우
small [smɔːl] 작은	wash [wɔːʃ] ~을 씻다

Body [신체]

1. head	머리	11. l	무릎(위)
2. f	이마	12. l	다리
3. s	어깨	13. c	종아리
4. h	손	14. b	배
5. w	허리	15. s	배
6. b	배꼽	16. c	가슴
7. t	허벅지	17. w	손목
8. k	무릎	18. e	팔꿈치
9. s	정강이	19. n	목
10. a	발목		

Answer

1. head 2. forehead 3. shoulder 4. hand 5. waist 6. belly button
7. thigh 8. knee 9. shin 10. ankle 11. lap 12. leg 13. calf 14. belly
15. stomach 16. chest 17. wrist 18. elbow 19. neck

Body [신체]

1. I usually **go** there on _____.
나는   주로   간다. 거기에   걸어서
Answer go, foot

2. _____ on my _____!
울어요!   내 어깨에 기대어
Answer Cry, shoulder

3. I _____ a _____.
나는 가지고 있다.   배 통증을 [= 배가 아프다]
Answer have, stomachache

4. She hit her _____ on the corner of the _____.
그녀는 찧었다. 그녀의 무릎을   모서리에   책상의
Answer knee, desk

5. He has a _____ scar on his _____.
그는 가지고 있다. 작은 흉터를   그의 이마에
Answer small, forehead

6. I shook _____ with the _____.
나는   악수했다.   그 배우와
Answer hands, actor

눈봐요 더봐요 셤봐요 **써봐요**

1. 나는 / 주로 / 간다. / 거기에 / 걸어서
       usually   go   there   on foot

   ✏️ I usually

   Answer I usually go there on foot.

2. 울어요! / 내 어깨에 기대어
     Cry   on my shoulder

   ✏️

   Answer Cry on my shoulder!

3. 나는 / 가지고 있다. / 배 통증을 [= 배가 아프다]
       have   a stomachache

   ✏️

   Answer I have a stomachache.

4. 그녀는 / 찧었다. / 그녀의 무릎을 / 모서리에 / 책상의
      hit-**hit**-hit   knee   on the corner of the desk

   ✏️

   Answer She hit her knee on the corner of the desk.

5. 그는 / 가지고 있다. / 작은 흉터를 / 그의 이마에
     has   a small scar   on his forehead

   ✏️

   Answer He has a small scar on his forehead.

6. 나는 / 악수했다. / 그 배우와
     shake-**shook**-shaken with the actor

   ✏️

   Answer I shook hands with the actor.

영상에서 만났던
쉴라의 손그림

영상 'Body 1'
2분 37초에 만나보세요.

1. neck and neck

neck은 '목'을 의미하는 단어로, 말들이 경주를 할 때 '막상막하'로 달리는 말들의 목이 서로 엇갈리는 모습에서 나온 표현이다.
즉, neck and neck(목과 목)은 '막상막하'의 의미를 가진다.

PMP1 They were **neck and neck** in the game.
그들은 / 이었다. / 막상막하 / 게임에서

2. pot belly & beer belly

pot[pat]은 '냄비, 솥'을 의미하고, belly는 '배, 복부'를 의미하는 단어로 'pot belly'는 '똥배'를 의미한다. 남성들이 술을 많이 마셔 나온 '올챙이배'는 주로 'beer belly'라고 부른다. (beer[biər]는 맥주를 의미한다.)

PMP1 My father has **a beer belly**.
나의 아빠는 / 가지고 있다. / 올챙이배를

More father [fáːðər] 아버지

영상에서 만났던
쉴라의 손그림

▶ 영상 'Body 1'
6분 0초에 만나보세요.

3. off-the-shoulder

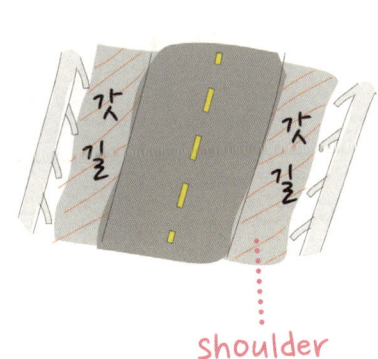
shoulder

'off'는 '분리, 이탈'을 의미하는 친구로 'off-the-shoulder'라는 것은 '어깨에서 분리되다'의 의미를 표현한다. 어깨(shoulder)가 드러난 옷이나 드레스를 표현할 때 자주 사용되는 '패션용어'라 할 수 있다. shoulder의 다른 의미로는 위험할 때 차를 잠시 세워두는 '갓길'도 의미한다.

PMP1 off-the-shoulder dress : 어깨가 드러난 드레스
off-the-shoulder sweater : 어깨가 드러난 스웨터
off-the-shoulder style : 어깨가 드러난 스타일

PMP2 We need to find a shoulder to check the engine of the car.
우리는 / 찾아야 한다. / 갓길을 / 점검하기 위하여 / 엔진을 / 차의

More dress [dres] 드레스   sweater [swétər] 스웨터   need [niːd] ~해야 한다
find [faind] ~을 찾다   check [tʃek] ~을 점검하다   engine [éndʒin] 엔진

4. ankle boots

신발매장에서 '앵글부츠'라는 표현이 종종 나온다. 앵글은 'ankle(발목)'의 의미로 발목까지 오는 부츠를 'ankle boots'라고 한다. 발음은 [æŋkl]로 우리말의 앵클에 가깝다.

PMP1 I want to buy a pair of **ankle boots**.
나는 원한다. / 사기를 / 한 켤레의 / 발목부츠를

More want [want] 원하다 buy [bai] ~을 사다 pair [pɛər] 한 켤레

02
Face [얼굴]

brain
eyebrow
eye
wrinkle
nose
mouth
ear
freckle
hair
cheek
dimple
tongue
arm
heart
jaw
chin
mole
nostril

2. Face

Face [얼굴]

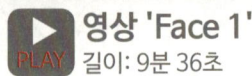 영상 'Face 1'
길이: 9분 36초

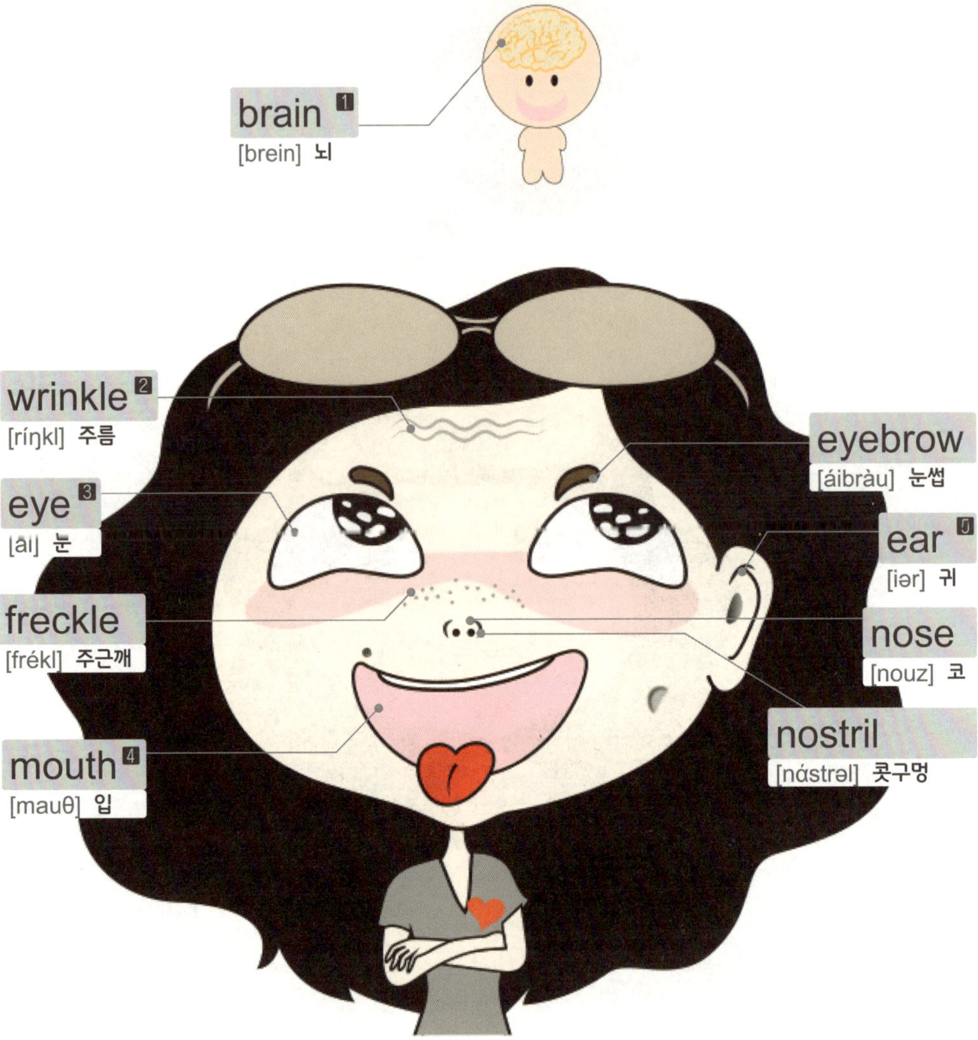

- brain [brein] 뇌
- wrinkle [ríŋkl] 주름
- eye [ái] 눈
- freckle [frékl] 주근깨
- mouth [mauθ] 입
- eyebrow [áibràu] 눈썹
- ear [iər] 귀
- nose [nouz] 코
- nostril [nástrəl] 콧구멍

More 보카

1. 'brain'에 죽음을 의미하는 'death[deθ]'를 더해 뇌사를 'brain death'라고 한다.
2. 'wrinkle'은 주름 및 '구김'을 의미해 사람 이외에 '종이나 바지'의 구김에도 사용된다.
3. 'eye contact[kántækt]'은 눈과 눈이 마주치는 것, 시선이 마주침을 의미한다.
4. 발음 주의 : 'mouth[mauθ]'는 '입'이고, 'mouse[maus]'는 '쥐'를 의미한다.
5. 'ear'에 '동그란 고리'의미를 가진 'ring'을 더해 귀걸이를 'earring'이라 한다.

눈봐요 더봐요 섬봐요 써봐요

 영상 'Face 2'
길이: 10분 53초

More 보카

1. 'wavy hair'는 물결모양의 머리, 'curly hair'는 곱슬머리를, 'straight hair'는 생머리를 의미한다.
2. 'tongue'은 '언어'의 의미도 가져 'mother tongue'은 엄마의 언어, 즉 '모국어'를 의미한다.
3. 'upper arm'은 팔꿈치 '윗부분의 팔'을, 'lower arm'은 팔꿈치 '아랫부분의 팔'을 의미한다.
4. 'attack[ətǽk]'은 '공격'을 의미해 'heart attack'은 '심장마비'를 표현한다.

Face [얼굴]

영상 'Face 3'
길이: 10분 24초

1. She has long dark hair and wears glasses.
그녀는 / 가지고 있다. / 길고 검은 머리를 / 그리고 / 쓴다. / 안경을

Gram ① 주어가 '나', '너'를 제외한 '그, 그녀'인 3인칭 단수이고, 동사의 시제가 '현재'일 때, 일반동사에 '-s/es'를 붙이며, have 동사는 "has"로 변신한다. ② **3인칭단수란**? He, She, Bob(=He), My mother(=She), My brother(=He) 등을 의미하며 ③ **일반동사란**? 사랑하다, 먹다, 놀다, 자다(love, eat, play, sleep) 등의 '의미'를 가진 모든 동사를 의미한다.

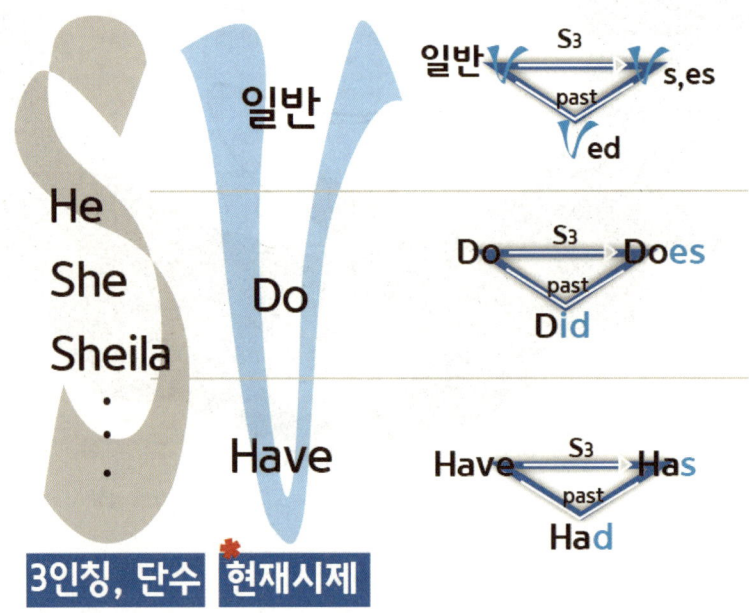

PMP1 She **has** curly hair and **wears** earrings.
그녀는 / 가지고 있다. / 곱슬 머리카락을 / 그리고 / 착용한다. / 귀걸이를

PMP2 Bob **has** two sisters.
Bob은 / 가지고 있다. / 두 명의 누이들을

눈봐요 **더봐요** 셤봐요 써봐요

2. I have a runny nose.
나는 / 가지고 있다. / 콧물을 [= 콧물이 난다]

Gram 'have'동사는 '①~을 가지다'와 '②~을 먹다'의 의미로 매우 자주 사용된다.

PMP1 I <u>have</u> a job.
나는 / 가지고 있다. / 직업을

PMP2 I <u>have</u> dinner with my son.
나는 / 먹는다. / 저녁을 / 나의 아들과 함께

More 보카

have [həv] ~을 가지다, ~을 먹다	two [tu:] 둘
long [lɔːŋ] 긴, 오랜	sister [sístər] 누이
dark [daːrk] 검은	runny [rʌni] 콧물이 나는
and [ənd] 그리고	job [dʒab] 직업
wear [wɛər] ~을 입다, 쓰다	dinner [dínər] 저녁식사
glasses [glæsiz] 안경	with [wəð] 함께
curly [kə́ːrli] 곱슬곱슬한	son [sʌn] 아들
earring [iəriŋ] 귀걸이	

Face [얼굴]

3. My younger brother has a square jaw.
나의 남동생은 /　　　가지고 있다. / 사각턱을

Gram 비교급 [더 ~한] : 우리말의 'ㄴ'으로 끝나는 '형용사'에 '-er'을 붙여 만든다.
smart + er = smarter : 더 똑똑한
happy + er = happier : 더 행복한
old+er = older : 더 늙은
young+er = younger : 더 어린

Gram ① 주어가 '나', '너'를 제외한 '그, 그녀'인 3인칭 단수이고, 동사의 시제가 '현재'일 때, 일반동사에 '-s/es'를 붙이며, have 동사는 "has"로 변신한다. ② **3인칭단수란**? He, She, Bob(=He), My mother(=She), My brother(=He) 등을 의미하며 ③ **일반동사란**? 사랑하다, 먹다, 놀다, 자다(love, eat, play, sleep) 등의 '의미'를 가진 모든 동사를 의미한다.

PMP1 She <u>has</u> a brother.
그녀는 / 가지고 있다. / 오빠를

PMP2 My wife <u>has</u> a close friend.
나의 아내는 / 가지고 있다. / 친한 친구를

4. You have a beautiful dimple!
당신은 / 가지고 있다! / 아름다운 보조개를

5. Last night, he broke his nose in the fight.
지난밤에 / 그는 / 부러뜨렸다. / 그의 코를 / 싸움에서 [= 코가 부러졌다]

동사 변형	break	broke	broken	~을 부러뜨리다.
	Root [동사원형]	과거동사	과거분사	

6. My older sister has no wrinkles. I envy her.
나의 언니는 / 가지고 있지 않다. / 주름들을 // 나는 부럽다. 그녀가

Refer 비교급& have의 has 변형 : 옆의 3번 문장 **Gram** 참고

PMP1 My father **has** two cars.
나의 아버지는 / 가지고 있다. / 두 대의 자동차들을

More 보카

brother [brʌðər] 남동생
have [həv] ~을 가지다, ~을 먹다
square [skwɛər] 사각형
smart [smaːrt] 똑똑한
happy [hǽpi] 행복한
old [ould] 늙은
young [jʌŋ] 어린
wife [waif] 아내
close [klouz] 친한
friend [frend] 친구
beautiful [bjúːtəfəl] 아름다운
last [læst] 지난

night [nait] 밤
break [breik]-broke [brouk]-broken [bróukən]
~을 부러뜨리다
in [in] ~안에서
fight [fait] 싸움
my [mai] 나의
sister [sístər] 언니
envy [énvi] ~을 부러워하다
father [fάːðər] 아버지
two [tuː] 둘
car [kaːr] 자동차

Face [얼굴]

1. brain
2. wrinkle
3. hair
4. eye
5. freckle
6. mole
7. cheek
8. mouth
9. tongue
10. arm
11. heart
12. chin
13. jaw
14. dimple
15. nostril
16. nose
17. ear
18. eyebrow

1. brain	뇌	10. a	팔
2. w	주름	11. h	심장
3. h	머리카락	12. c	(아래)턱
4. e	눈	13. j	턱
5. f	주근깨	14. d	보조개
6. m	점	15. n	콧구멍
7. c	뺨	16. n	코
8. m	입	17. e	귀
9. t	혀	18. e	눈썹

Answer

1. brain 2. wrinkle 3. hair 4. eye 5. freckle 6. mole 7. cheek 8. mouth
9. tongue 10. arm 11. heart 12. chin 13. jaw 14. dimple 15. nostril
16. nose 17. ear 18. eyebrow

Face [얼굴]

1. She has long dark _____ and wears _____.

그녀는 가지고 있다. 길고 검은 머리를   그리고 쓴다.   안경을

Answer hair, glasses

2. I _____ a runny _____.

나는 가지고 있다. 콧물을 [= 콧물이 난다.]

Answer have, nose

3. My younger _____ has a square _____.

나의   남동생은   가지고 있다.   사각턱을

Answer brother, jaw

4. You _____ a beautiful _____!

당신은 가지고 있다!   아름다운   보조개를

Answer have, dimple

5. Last _____, he broke his _____ in the fight.

지난   밤에   그는 부러뜨렸다. 그의 코를   싸움에서 [= 코가 부러졌다.]

Answer night, nose

6. My older _____ has no _____. I envy her.

나의   언니는   가지고 있지 않다. 주름들을   나는 부럽다. 그녀가

Answer sister, wrinkles

1. 그녀는 / 가지고 있다. / 길고 검은 머리를 / 그리고 / 쓴다. / 안경을
   have(has)   long dark hair   and   wear   glasses

✏️ She has

Answer She has long dark hair and wears glasses.

2. 나는 / 가지고 있다. / 콧물을 [= 콧물이 난다.]
   have   a runny nose

✏️

Answer I have a runny nose.

3. 나의 남동생은 / 가지고 있다. / 사각턱을
   younger brother   a square jaw

✏️

Answer My younger brother has a square jaw.

4. 당신은 / 가지고 있다! / 아름다운 보조개를
                       a beautiful dimple

✏️

Answer You have a beautiful dimple!

5. 지난밤에 / 그는 / 부러뜨렸다. / 그의 코를 / 싸움에서 [= 코가 부러졌다.]
   Last night   break-**broke**-broken   nose   in the fight

✏️

Answer Last night, he broke his nose in the fight.

6. 나의 언니는 / 가지고 있지 않다. / 주름들을 // 나는 부럽다. 그녀가
   older sister   has no   wrinkles   envy

✏️

Answer My older sister has no wrinkles. I envy her.

영상에서 만났던
쉴라의 손그림

1. wrinkle

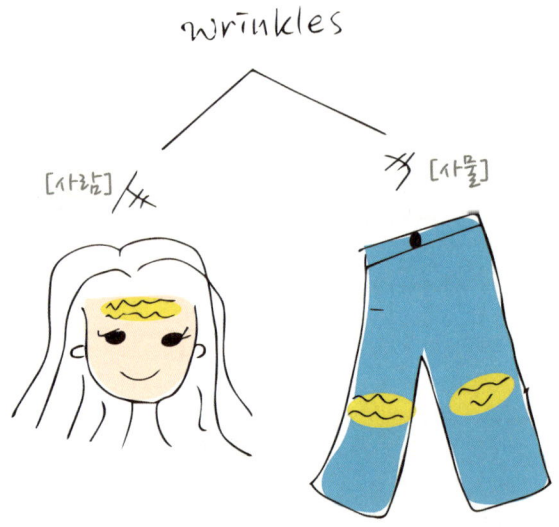

wrinkle은 얼굴의 '주름'을 의미한다. '~이 없는' 의미인 'free'를 뒤에 붙여 'wrinkle-free'를 만들면 '주름이 없는 상태'를 표현한다. 분명 화장품에 'wrinkle-free'라고 쓰이거나, 광고가 되는 것을 들어본 적 있을 것이다. 'wrinkle'은 사물의 주름도 표현해 '옷, 종이' 등의 '구김살'의 의미도 가진다.

PMP1 My aunt has no **wrinkles**. She looks young for her age.
나의 이모는 / 가지고 있지 않다. / 주름들을 // 그녀는 / 어려 보인다. / 그녀의 나이에 비해

More aunt [ænt] 이모 look [luk] ~처럼 보이다 young [jʌŋ] 어린 age [eidʒ] 나이

영상 'Face2' 5분 37초에 만나보세요.

2. earring

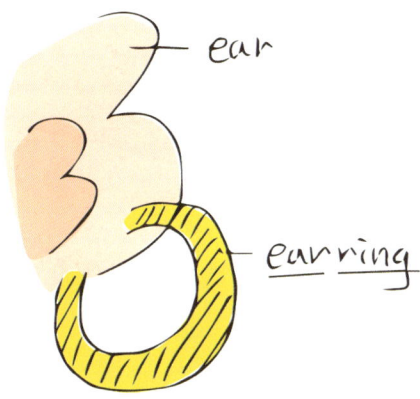

'반지'를 의미하는 'ring'은 우리에게 익숙하다. ear는 '귀'를 의미하며 ear에 ring을 붙여 '귀걸이'를 표현할 수 있다.

PMP1 I always wear **earrings**.
　　　　나는 / 항상 / 착용한다. / 귀걸이를

More always [ɔ́ːlweiz] 항상　wear [wɛər] ~을 착용하다

영상에서 만났던
쉴라의 손그림

영상 'Face2'
7분 11초에 만나보세요.

3. Jaws

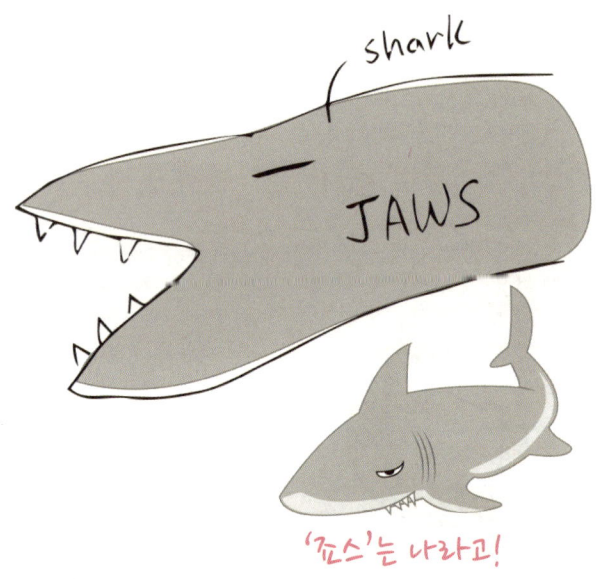

'죠스(Jaws)'라는 오래된 영화가 있다. 'jaw'는 이빨을 포함한 옆 라인의 '턱'을 표현한다. 턱은 위턱과 아래턱으로 복수형 'jaws'라 쓰였다. 발음은 [dʒɔːz] 이다. 상어(shark)의 날카로운 '턱'과 '이빨'들을 상징적으로 표현한 제목으로 'jaws'를 기억하자.

PMP1 This shark has sharp teeth and powerful **jaws**.
이 상어는 / 가지고 있다. / 날카로운 이빨들과 / 강한 턱들을

More shark [ʃɑːrk] 상어   sharp [ʃɑːrp] 날카로운   powerful [páuərfəl] 강한

4. dimple

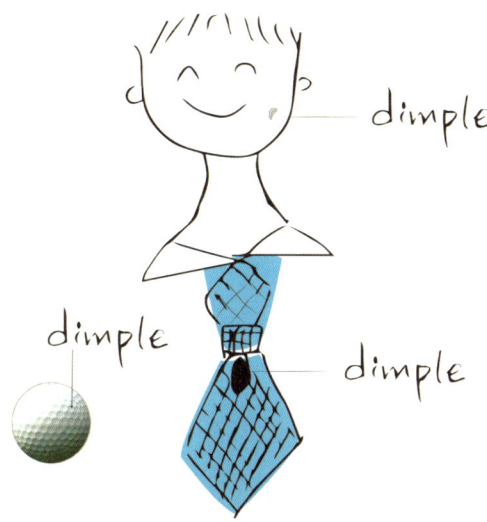

'보조개'의 의미를 가지는 'dimple'은 '푹 꺼진, 움푹 들어간 것'들을 의미하는 단어이다. 바람의 저항을 낮추기 위해 '골프공의 홈'이 있는 부분도 'dimple'이라 하고, 넥타이의 매듭 부분에 옴폭하게 들어간 부분 역시 'dimple'이라 한다.

PMP1 I envy the beautiful **dimple** on her cheek.
나는 / 부럽다. / 그 아름다운 보조개가 / 그녀의 뺨에 있는

More envy [énvi] ~을 부러워하다   beautiful [bjú:təfəl] 아름다운

03

Hands & Feet [손과 발]

eyelash
eyelid
pupil
iris
eyeball
mustache
gum
lips
tooth
beard
hip
butt
bottom
muscle
heel
arch
sole
big toe
pinkie toe
foot
fingernail
fist
finger
thumb
index finger
middle finger
ring finger
little(=pinkie) finger
fingerprint
palm

Hands & Feet [손과 발]

영상 'Hands & Feet 1'
길이: 11분 38초

eyelash [ailæʃ] 속눈썹

pupil ② [pjú:pl] 동공

iris ④ [áiəris] 홍채

eyelid ① [ailid] 눈꺼풀

lips ③ [lips] 입술

*eyeball [aibɔ:l] 안구

gum ⑤ [gʌm] 잇몸

beard [biərd] 턱수염

mustache [mʌstæʃ] 콧수염

tooth [tu:θ] 이

teeth [ti:θ] 이들

More 보카

① 'lid'는 뚜껑을 의미하는 단어로, 'eyelid'는 눈꺼풀을, 'toilet lid'는 '변기뚜껑'을 의미한다.
② 'pupil'은 '동공' 및 '학생, 제자'의 의미도 표현한다.
③ 'upper[ʌpər] lip'은 윗입술을, 'lower[lóuər] lip'은 아랫입술을 의미한다.
④ 'iris'는 홍채뿐만 아니라, '붓꽃, 카메라의 조리개, 여자의 이름'도 표현한다.
⑤ 'gum'은 고무 같은 느낌의 것을 가리켜 '잇몸, 풀, 고무, 껌'등의 의미를 가진다.

눈봐요 더봐요 셤봐요 써봐요

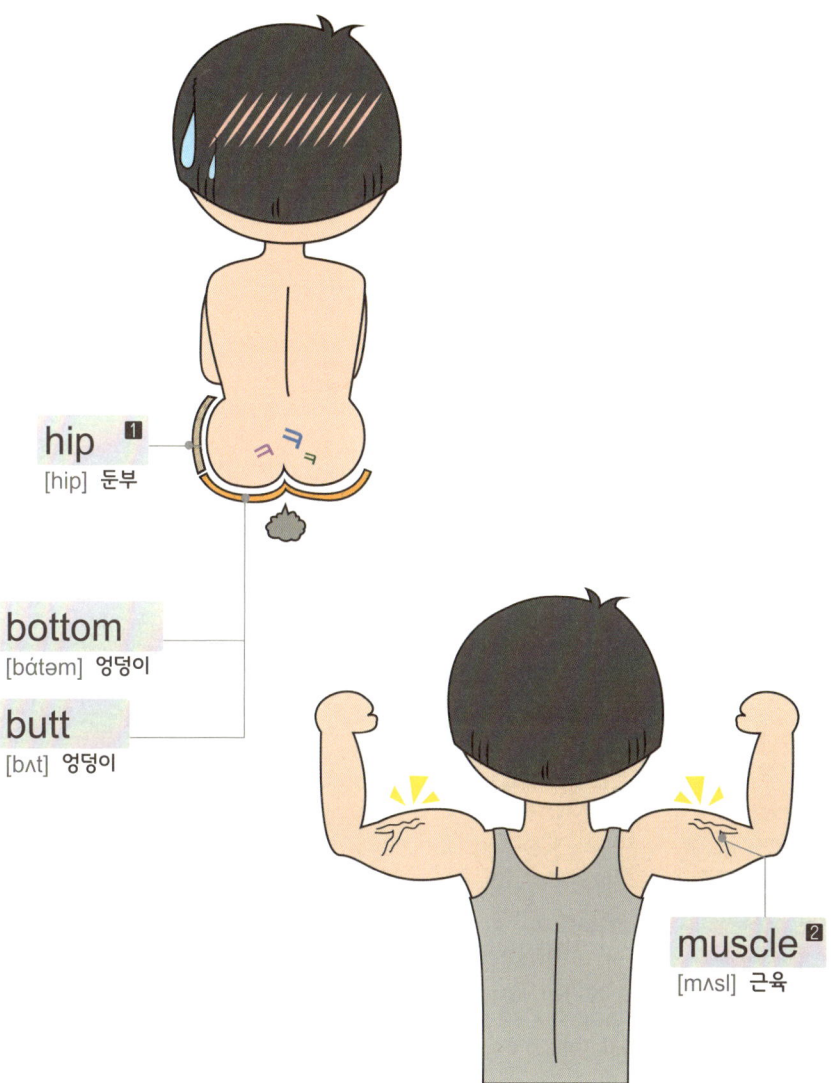

More 보카

1. 'hip'은 엉덩이의 옆 라인을 의미하고, '바닥'의 의미를 가진 'bottom'이 엉덩이를 표현하며, 비 격식어로 'butt'도 엉덩이를 뜻한다. 'ass[æs]'는 엉덩이를 표현하는 '비어'이다.
2. '힘, 근력'을 의미하는 'muscle'에 'car'를 붙여 '고성능 자동차'를 'muscle car'라 한다.

Hands & Feet [손과 발]

영상 'Hands & Feet 2'
길이: 13분 27초

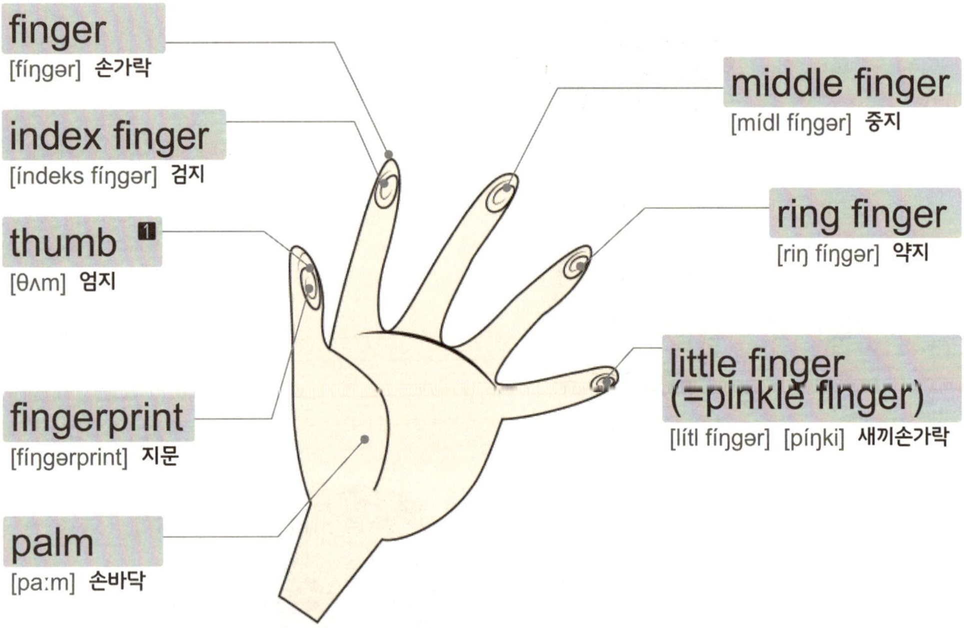

finger
[fíŋgər] 손가락

index finger
[índeks fíŋgər] 검지

thumb ①
[θʌm] 엄지

fingerprint
[fíŋgərprint] 지문

palm
[pa:m] 손바닥

middle finger
[mídl fíŋgər] 중지

ring finger
[riŋ fíŋgər] 약지

little finger (=pinkie finger)
[lítl fíŋgər] [píŋki] 새끼손가락

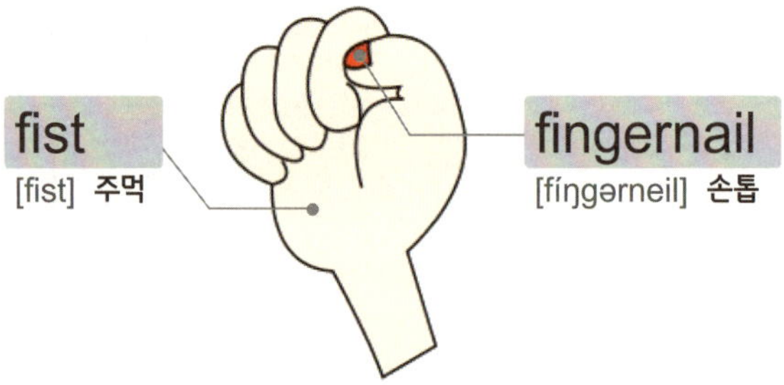

fist
[fist] 주먹

fingernail
[fíŋgərneil] 손톱

More 보카

① '엄지손가락을 들다'의 의미로 'thumbs up'은 '찬성'을, 'thumbs down'은 '반대'를 의미한다.
② '발'을 의미하는 foot의 복수형은 foots가 아닌 'feet'이다.
③ 여성들의 하이힐(high heel)은 '뒤꿈치'를 의미하는 'heel'이란 단어이다.
④ '영혼'을 의미하는 'soul'과 '발바닥'을 의미하는 'sole'은 발음이 같다.

눈봐요 더봐요 셈봐요 써봐요

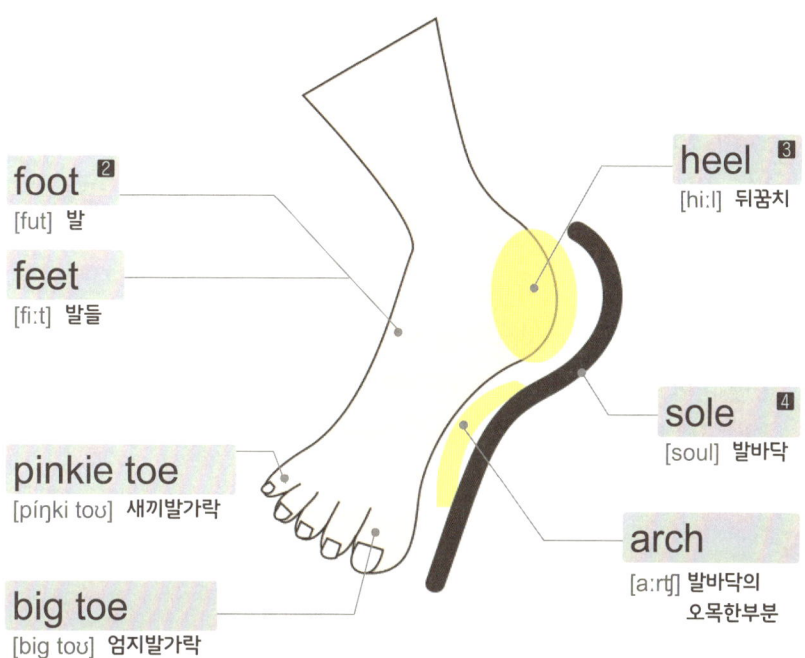

foot [2]
[fut] 발

feet
[fi:t] 발들

pinkie toe
[píŋki toʊ] 새끼발가락

big toe
[big toʊ] 엄지발가락

heel [3]
[hi:l] 뒤꿈치

sole [4]
[soul] 발바닥

arch
[a:rtʃ] 발바닥의 오목한부분

	단수형태	복수형태
눈	eye	eyes
귀	ear	ears
눈썹	eyebrow	eyebrows
입술	lip	lips
손	hand	hands
주근깨	freckle	freckles
잇몸	gum	gums
속눈썹	eyelash	eyelashes
특이한 복수형태		
발	foot	feet
이	tooth	teeth

우리 몸의 많은 부분이 '짝수'이다.
눈, 귀, 손, 입술도 짝이 있어 복수로
자주 사용된다. 주로 '복수'로 쓰이는
친구들은 '주근깨, 속눈썹, 잇몸'등이 있다.

일반적인 복수변형은 단어에 '-s, -es'를
붙여 만들지만, 단어 안에 '-oo-'가 들어가
있는 foot과 tooth는 '-oo-'가 '-ee-'로
변해 복수형태를 표현한다.

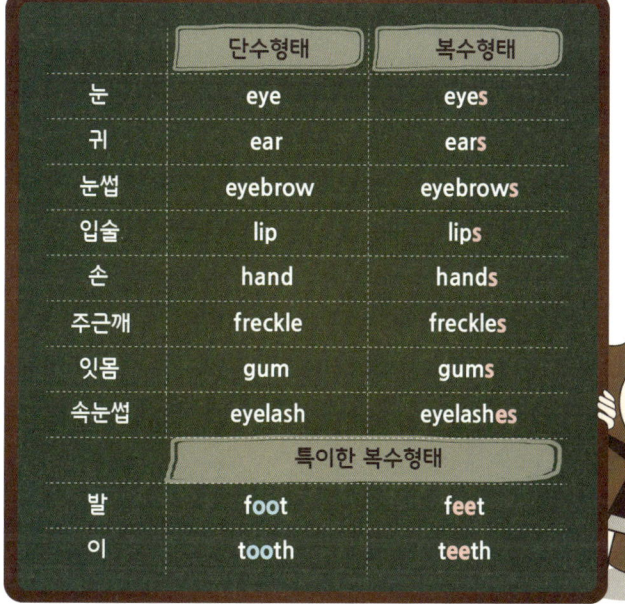

Hands & Feet [손과 발]

영상 ' Hands & Feet 3'
길이: 8분 5초

1. I brush my teeth three times a day.
나는 / 양치한다. / 나의 이들을 / 세 번 / 하루에

Gram 특이한 복수변형
tooth [이] ▶ teeth [이들]
foot [발] ▶ feet [발들]
goose [거위] ▶ geese [거위들]
'once' a day '한 번' 하루에
'twice' a week '두 번' 일주일에
'three times' = 'thrice' a month '세 번' 한 달에
'four times' a year '네 번' 일 년에

2. Stop biting your nails.
그만해라. / 뜯는 것을 / 당신의 손톱들을

Gram 동사 원형인 'Stop~'으로 시작되는 문장은 '명령문'이라 한다.
Idiom stop -ing : ~하는 것을 그만두다
PMP1 I **stopped** smok**ing**.
나는 / 그만두었다. / 담배 피는 것을 [= 담배를 끊다.]

동사변형	stop	stopped	stopped	~을 멈추다.
	Root [동사원형]	과거동사	과거분사	

3. Bob wrote her phone number on his palm.
Bob은 / 적었다. / 그녀의 전화번호를 / 그의 손바닥에

on, in, at의 차이

on	on my shoulder : 나의 어깨에	표면, 면을 표현하는 전치사
in	in the bathroom : 욕실에	공간을 표현하는 전치사
at	at the office : 사무실에	정확한 장소나 시간의 지점을 표현하는 전치사

동사 변형	write	wrote	written	~을 적다.
	Root [동사원형]	과거동사	과거분사	

More 보카

brush [brʌʃ] ~을 닦다
teeth [ti:θ] 이들
three [θri:] 셋
times [taimz] 횟수
day [dei] 하루
tooth [tu:θ] 이
foot [fut] 발
feet [fi:t] 발들
goose [gu:s] 거위
geese [gi:s] 거위들
once [wʌns] 한 번
twice [twais] 두 번
thrice [θrais] 세 번

week [wi:k] 일주일
month [mʌnθ] 달
four [fɔ:r] 넷
year [jiər] 해(년/연도)
stop [stap] ~을 멈추다
bite [báit] ~을 뜯다
your [jər] 당신의
smoke [smóuk] 담배를 피우다
write [rait]-wrote [rout]-written [rítn] ~을 적다
shoulder [ʃóuldər] 어깨
bathroom [bǽθrù:m] 욕실
office [ɔ́:fis] 사무실

Hands & Feet [손과 발]

4. He broke the mirror with his fist.
그는 / 깼다. / 그 거울을 / 그의 주먹으로

동사 변형	break	broke	broken	~을 깨다.
	Root [동사원형]	과거동사	과거분사	

5. My lips are sealed!
나의 입술은 / 밀봉되어져있다! [= 절대 말 안할게!, 입 꼭 다물고 있을게!]

Gram ① be + -p.p : are sealed
'수동태'-(주어가 ~한 상태가) '되다. 당하다'의 수동적인 의미
② be동사 'am과 is'의 과거형은 was이고 'are'의 과거형은 were이다.

PMP1 Those cars <u>were made</u> in Japan. 저 차들은 / 만들어졌다. / 일본에서
PMP2 The building <u>was built</u> last year. 그 빌딩은 / 지어졌다. / 작년에

동사 변형	make	made	made	~을 만들다.
	Root [동사원형]	과거동사	과거분사	

동사 변형	build	built	built	~을 짓다.
	Root [동사원형]	과거동사	과거분사	

More 보카

break [breik]-broke [brouk]-broken [bróukən] ~을 깨다
mirror [mírə(r)] 거울   make [meik]-made [meid]-made [meid] ~을 만들다
sealed [si:ld] 밀봉된   Japan [dʒəpǽn] 일본
those [ðouz] 저것들   build [bild]-built [bilt]-built [bilt] ~을 짓다
car [ka:r] 차

58

6. He has some problems with his muscle.
그는 / 가지고 있다. / 약간의 문제들을 / 그의 근육에

Gram ① 주어가 '나', '너'를 제외한 '그, 그녀'인 3인칭 단수이고, 동사의 시제가 '현재'일 때, 일반동사에 '-s/es'를 붙이며, have 동사는 "has"로 변신한다. ② 3인칭단수란? He, She, Bob(=He), My mother(=She), My brother(=He) 등을 의미하며 ③ 일반동사란? 사랑하다, 먹다, 놀다, 자다(love, eat, play, sleep) 등의 '의미'를 가진 모든 동사를 의미한다.

PMP1 She **has** beautiful eyes.
그녀는 / 가지고 있다.
아름다운 눈들을

PMP2 The man **has** three children.
그 남자는 / 가지고 있다.
세 명의 아이들을

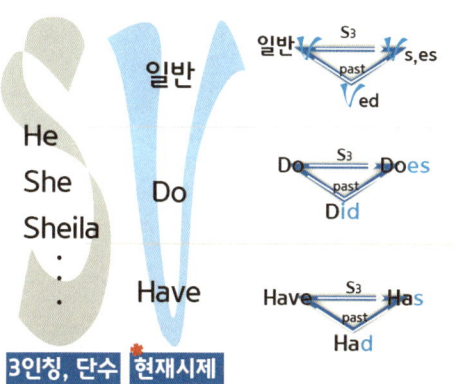

More 보카

some [səm] 약간	play [plei] 놀다
problem [prάbləm] 문제	sleep [sli:p] 자다
have [həv] ~을 가지다, ~을 먹다	beautiful [bjú:təfəl] 아름다운
mother [mʌðər] 어머니	eye [ai] 눈
brother [brʌðər] 형제	man [mæn] 남자
love [lʌv] ~을 사랑하다	three [θri:] 셋
eat [i:t] ~을 먹다	children [tʃíldrən] 아이들

Hands & Feet [손과 발]

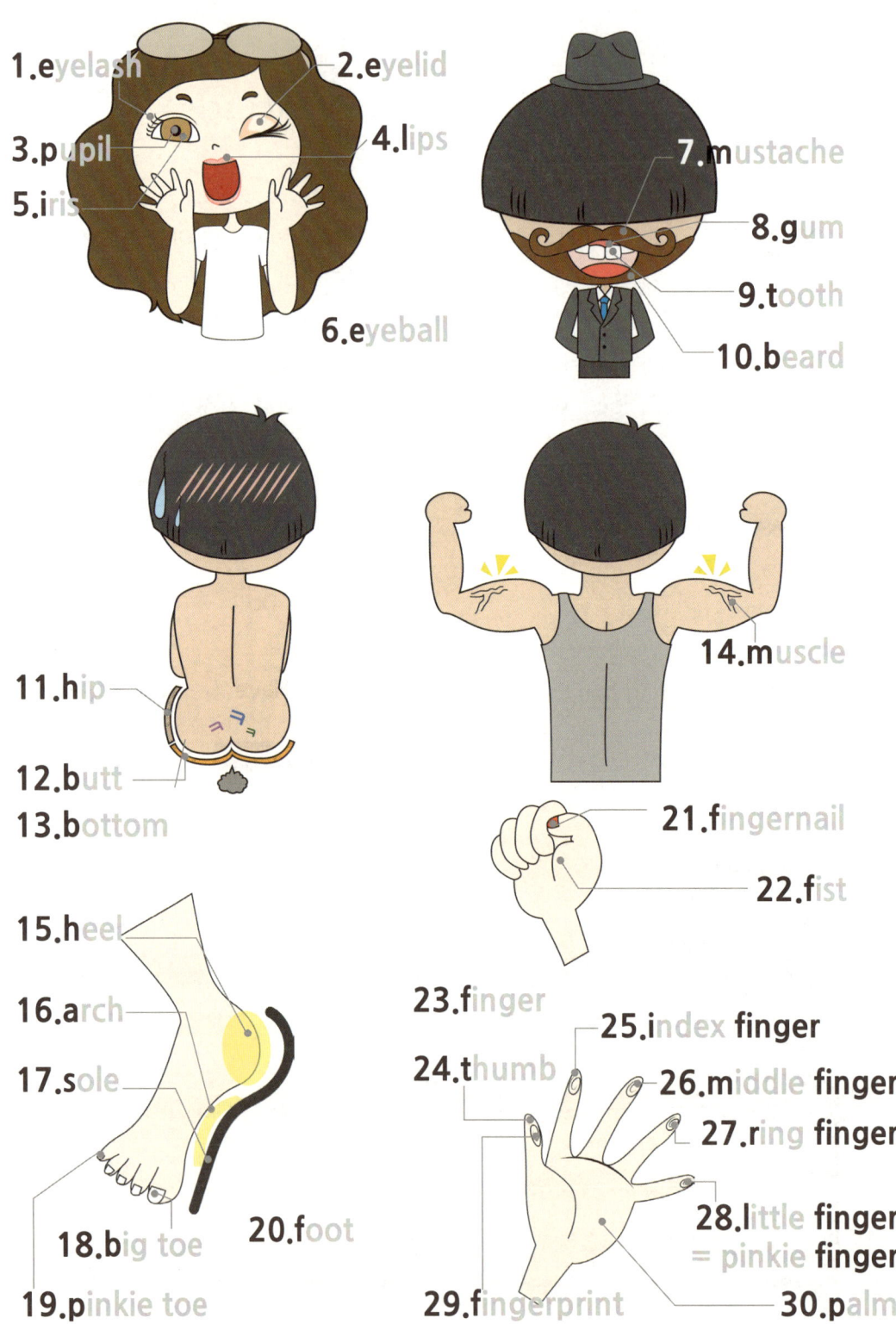

1. eyelash
2. eyelid
3. pupil
4. lips
5. iris
6. eyeball
7. mustache
8. gum
9. tooth
10. beard
11. hip
12. butt
13. bottom
14. muscle
15. heel
16. arch
17. sole
18. big toe
19. pinkie toe
20. foot
21. fingernail
22. fist
23. finger
24. thumb
25. index finger
26. middle finger
27. ring finger
28. little finger = pinkie finger
29. fingerprint
30. palm

눈봐요 더봐요 **섬봐요** 써봐요

1. eyelash	속눈썹	16. a	발바닥의 오목한 부분
2. e	눈꺼풀	17. s	발바닥
3. p	동공	18. b	엄지발가락
4. l	입술	19. p	새끼발가락
5. i	홍채	20. f	발
6. e	안구	21. f	손톱
7. m	콧수염	22. f	주먹
8. g	잇몸	23. f	손가락
9. t	이	24. t	엄지
10. b	턱수염	25. i ___ finger	검지
11. h	둔부	26. m ___ finger	중지
12. b	엉덩이	27. r ___ finger	약지
13. b	엉덩이	28. l ___ finger	새끼손가락
14. m	근육	29. f	지문
15. h	뒤꿈치	30. p	손바닥

Answer

1. eyelash 2. eyelid 3. pupil 4. lips 5. iris 6. eyeball 7. mustache 8. gum
9. tooth 10. beard 11. hip 12. butt 13. bottom 14. muscle 15. heel
16. arch 17. sole 18. big toe 19. pinkie toe 20. foot 21. fingernail
22. fist 23. finger 24. thumb 25. index 26. middle 27. ring
28. little(=pinkie) 29. fingerprint 30. palm

Hands & Feet [손과 발]

1. I **brush** my _____ three times a day.

    나는 양치한다. 나의   이들을   세 번   하루에

    Answer brush, teeth

2. _____ biting your _____.

    그만해라. 뜯는 것을 당신의 손톱들을

    Answer Stop, nails

3. Bob wrote her phone _____ on his _____.

    Bob은 적었다. 그녀의 전화번호를 그의 손바닥에

    Answer number, palm

4. He broke the _____ with his _____.

    그는 깼다. 그 거울을 그의 주먹으로

    Answer mirror, fist

5. My _____ are sealed!

    나의 입술은 밀봉되어져있다! [= 절대 말 안할게!, 입 꼭 다물고 있을게!]

    Answer lips

6. He has some _____ with his _____.

    그는 가지고 있다. 약간의 문제들을 그의 근육에

    Answer problems, muscle

눈봐요 더봐요 셤봐요 **써봐요**

1. 나는 / 양치한다. / 나의 이들을 / 세 번 / 하루에
   brush   teeth   three times a day

   ✎ I brush

   Answer I brush my teeth three times a day.

2. 그만해라. / 뜯는 것을 / 당신의 손톱들을
   Stop   biting   nails

   ✎

   Answer Stop biting your nails.

3. Bob은 / 적었다. / 그녀의 전화번호를 / 그의 손바닥에
   write-**wrote**-written   phone number   on his palm

   ✎

   Answer Bob wrote her phone number on his palm.

4. 그는 / 깼다. / 그 거울을 / 그의 주먹으로
   breke-**broke**-broken   with his fist

   ✎

   Answer He broke the mirror with his fist.

5. 나의 입술은 / 밀봉되어져있다! [= 절대 말 안할게!, 입 꼭 다물고 있을게!]
   lips   be+sealed

   ✎

   Answer My lips are sealed!

6. 그는 / 가지고 있다. / 약간의 문제들을 / 그의 근육에
                      some problems   with his muscle

   ✎

   Answer He has some problems with his muscle.

63

영상에서 만났던
쉴라의 손그림

영상 ' Hands & Feet 2'
3분 12초에 만나보세요.

1. Thumbs up!

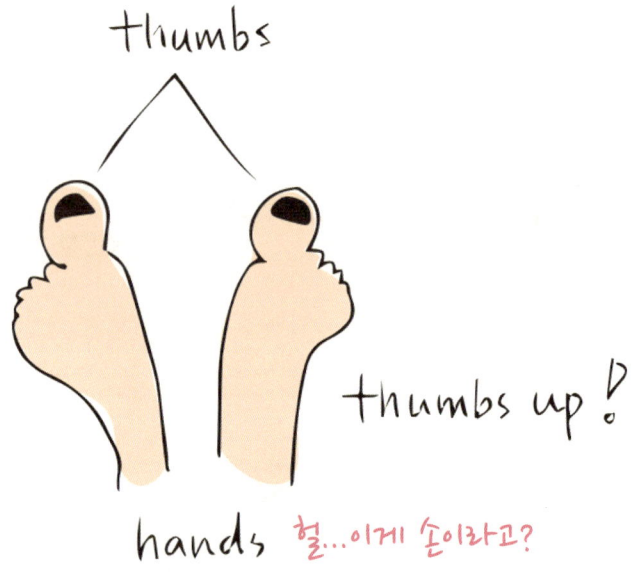

'thumb'은 '엄지손가락'을 의미한다. 따라서 'thumbs up'은 두 개의 엄지손가락을 위(up)로 올린 것을 표현해 '최고야! 동의해! 찬성해!'를 표현한다. 반대로 'thumbs down'은 '반대의 의사나 싫다'는 것을 표현한다.

PMP1 I received a **thumbs up** in the meeting.
나는 / 받았다. / 찬성을 /   회의에서

More receive [risíːv] ~을 받다 meeting [míːtin] 회의

영상 'Hands & Feet 2'
7분 13초에 만나보세요.

2. ring finger

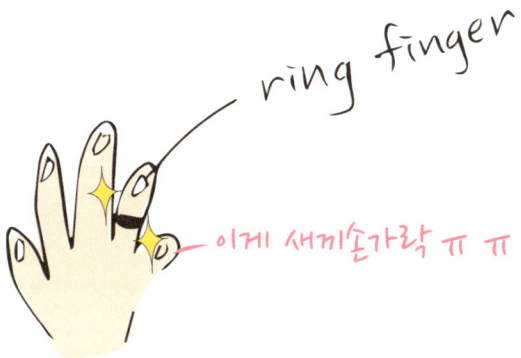

'반지'를 의미하는 'ring'과 '손가락'을 의미하는 'finger'가 만나 '넷째 손가락'을 표현한다. 우리가 주로 반지를 가운뎃손가락과 새끼손가락 사이에 있는 '약지'에 끼어 나온 표현이다.

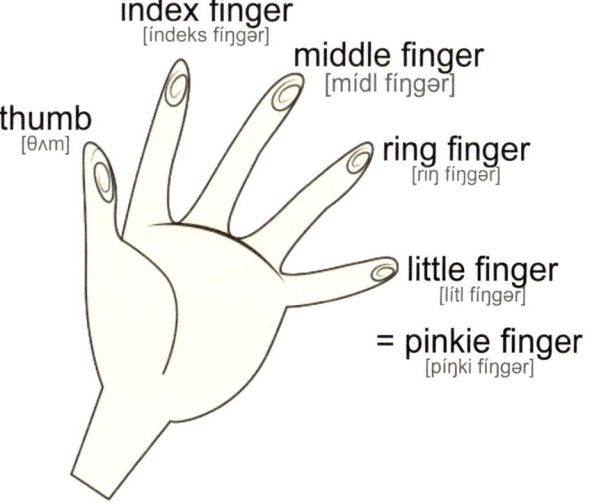

영상에서 만났던
쉴라의 손그림

영상 ' Hands & Feet 2'
9분 16초에 만나보세요.

3. fingerprint

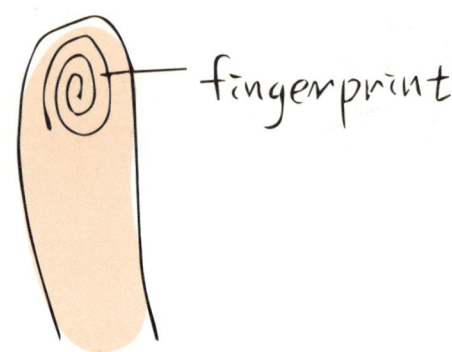

손가락을 의미하는 'finger'와 '자국, 인쇄'의 의미를 가진 'print'가 만나 '지문'을 의미한다.

PMP1 There are several **fingerprints** on the glass.
~ 있다. / 몇 개의 지문들이 / 유리잔에

More several [sévərəl] 몇몇의   glass [glæs] 유리잔

4. arch

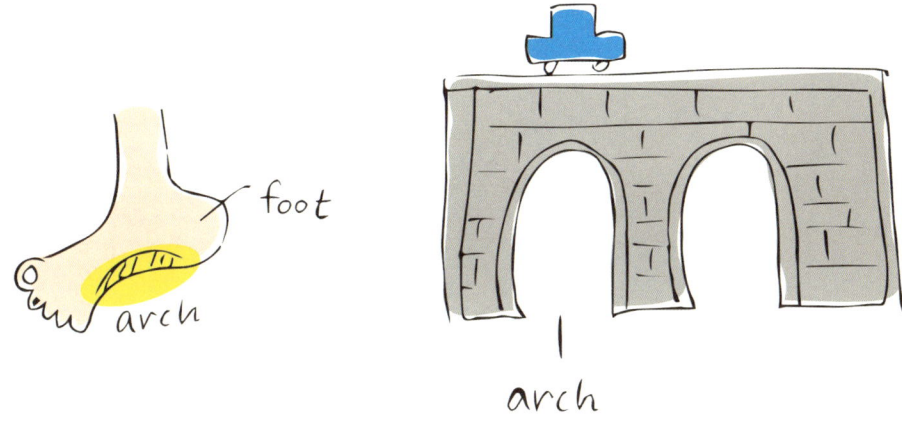

우리는 '아치형'이라는 표현에 익숙하다. 동그랗게 구부러진 모양의 것들을 'arch'라고 한다. 건축물이나, 다리(bridge) 등의 '동그랗게 구부러진 모양'과 '발바닥'에 옴폭하게 들어간 부분을 모두다 'arch'라고 한다.

PMP1 There is an **arch**ed bridge in my town.
~ 있다. / 아치 모양의 다리가 / 나의 마을에는

More bridge [bridʒ] 다리 town [taun] 마을

04

House [집]

stone
rock
chimney
roof
storage room
pond
porch
window
fish
front door
brick
garden
yard
lawn
garbage can
fence
front gate
grass

4. House

House [집] ◼︎

▶ 영상 'House 1'
길이: 12분 14초

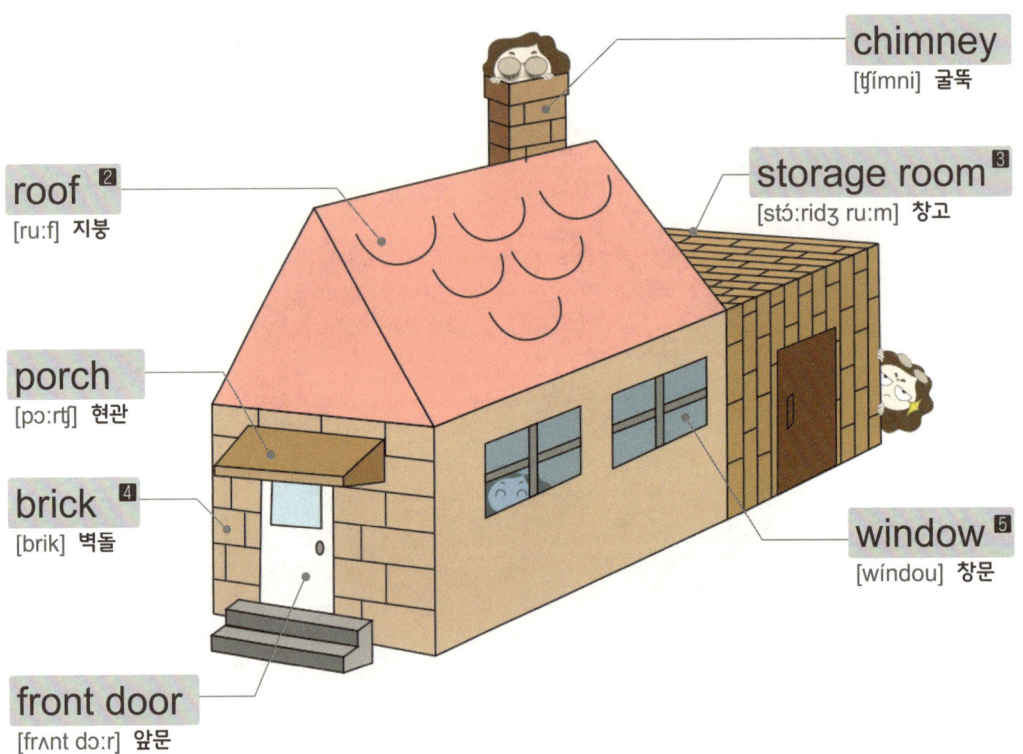

chimney
[tʃímni] 굴뚝

storage room ③
[stɔ́:ridʒ ru:m] 창고

roof ②
[ru:f] 지붕

porch
[pɔ:rtʃ] 현관

brick ④
[brik] 벽돌

window ⑤
[wíndou] 창문

front door
[frʌnt dɔ:r] 앞문

More 보카

◼︎ '집'을 표현하는 단어로 'house'와 'home'이 있다. 'house'는 일반적으로 '집, 건물, 장소'의 의미로 사용되며, 'home'은 '가정 즉, 안식처나 고향' 등의 의미도 표현한다.
② '태양'을 의미하는 'sun'과 'roof'가 만나 자동차의 개폐식 지붕인 'sunroof'를 표현한다.
③ 'storage'는 '저장, 보관'의 의미로 컴퓨터에서 '정보의 저장'도 의미한다.
④ '빨간 벽돌집'은 'red-brick house'라 표현한다.
⑤ 'window shopping'은 구매는 하지 않고, 구경만 하는 쇼핑을 표현한다.

영상 'House 2'
길이: 13분 6초

More 보카

[1] 집안의 마당에 있는 풀을 'lawn'이라하고, 이 외의 모든 풀들을 'grass'라고 한다.

House [집]

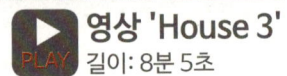 영상 'House 3'
길이: 8분 5초

1. We built a fence around the yard this afternoon.
우리는 / 세웠다. / 울타리를 / 마당 주위에 / 오늘 오후에

Gram 'around+장소'는 '~주변의'를 의미하고, 'around+시간'은 '~경, ~쯤'을 의미한다.

PMP1 There are many teenagers around here.
~있다. / 많은 10대들이 / 이 근처에

PMP2 I will meet him around 3 in the afternoon.
나는 / 만날 것이다. / 그를 / 3시쯤 / 오후에

동사 변형	build	built	built	~을 세우다.
	Root [동사원형]	과거동사	과거분사	

2. The repairman is working on the roof.
그 수리공은 / 일하는 중이다. / 지붕위에서

Gram ① be + -ing : 진행형 [주어의 행위가 진행되고 있는 상황 표현]
② am / are / is + -ing [현재 진행형] : 현재 '-ing하고 있는 중이다'
③ be 동사는 주어의 인칭에 따라 am, are, is로 구분 사용되며, 의미는 '(주어가) ~이다. 있다. 되다'로 쓰인다.

on, in, at의 차이

on	on the left : 왼쪽 편에	표면, 면을 표현하는 전치사
in	in the garden : 정원에	공간을 표현하는 전치사
at	at the end : 끝에	정확한 장소나 시간의 지점을 표현하는 전치사

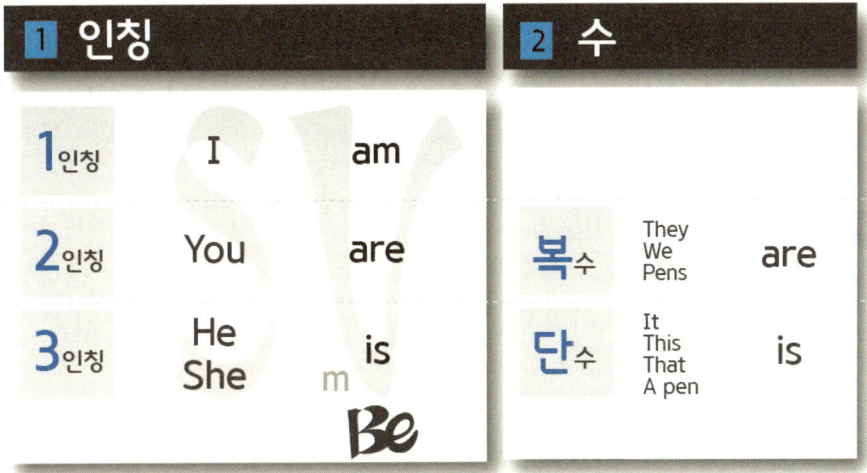

Be동사는 특이한 집안이다. 뿌리(Root)는 'Be' 하나인데, Be동사 아래 자식이 'am, are, is'로 삼형제가 있다. 이들은 '**주어**'의 ① 인칭과 ② 수에 따라 분류 사용된다.

진행형: 주어는 현재 -ing 하는중이다.

 **More 보카**

build [bild]-built [bilt]-built [bilt] ~을 짓다
around [əráund] 주변에
afternoon [æftər|nu:n] 오후
many [méni] 많은
teenager [tí:nèidʒər] 10대
here [hiər] 여기

meet [mi:t] ~을 만나다
repairman [ripέərmæn] 수리공
work [wə:rk] 일, 일하다
left [left] 왼쪽
garden [gá:rdn] 정원

House [집]

3. People are resting on the grass in the park.
사람들은 / 쉬고 있는 중이다. / 잔디에 / 공원에 (있는)

Gram
① be + -ing : 진행형 [주어의 행위가 진행되고 있는 상황 표현]
② am / are / is + -ing [현재 진행형] : 현재 '-ing하고 있는 중이다'
③ be 동사는 주어의 인칭에 따라 am, are, is로 구분 사용되며,
의미는 '(주어가) ~이다. 있다. 되다'로 쓰인다.

4. The famous house was built of brick.
그 유명한 집은 / 지어졌다. / 벽돌로

Idiom be built of + 물질 / 재료 : ~로 만들어지다

Gram
① be + -p.p : was built
 '수동태'-(주어가 ~한 상태가) '되다. 당하다'의 수동적인 의미
② be동사 'am과 is'의 과거형은 was이고 'are'의 과거형은 were이다.

PMP1 This book **was written** by Sheila and Lucy.
이 책은 / 쓰였다. / Sheila와 Lucy에 의해

PMP2 The car **was fixed** by Bob.
그 차는 / 수리되어졌다. / Bob에 의해

동사 변형	write	wrote	written	~을 쓰다.
	Root [동사원형]	과거동사	과거분사	

눈봐요 **더봐요** 셈봐요 써봐요

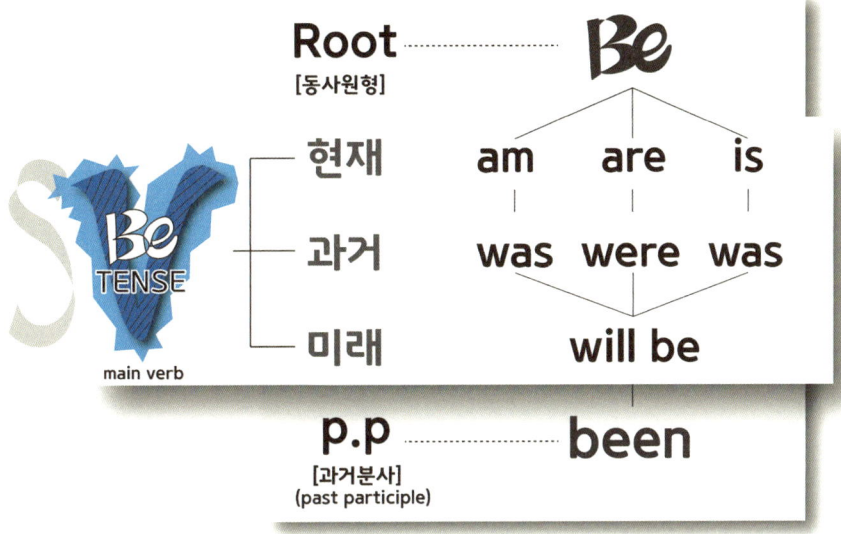

모든 동사는 문장에서 살아있으려면 현재인지, 과거인지, 미래인지 반드시 'TENSE, 시제'를 가져야한다!

 **More 보카**

people [píːpl] 사람들	book [buk] 책
rest [rést] 쉬다	write [rait]-wrote [rout]-written [rítn] ~을 쓰다
park [paːrk] 공원	
famous [féiməs] 유명한	fix [fiks] ~을 수리하다
build [bild]-built [bilt]-built [bilt] ~을 짓다	behind [biháind] 뒤의

House [집]

5. There are some fish in the pond.
~있다. / 몇 마리의 물고기들이 / 연못에

Gram There + be + N : N[명사]가 있다
There be "N" : '~있다'라는 존재를 나타낼 때 there을 문두에 쓴다. 이때 문장의 주어는 be 뒤에 있는 '명사'이다. 따라서 그 명사[주어]와 'be 동사'의 '수'를 일치 시킨다.

PMP1 There is + 단수 명사 : **There is** <u>a tall tree</u> in the park.
　　　　　　　　　　　　　~있다. / 큰 나무가 / 공원에는

PMP2 There are + 복수 명사 : **There are** <u>many workers</u> in the factory.
　　　　　　　　　　　　　~있다. / 　많은 노동자들이 / 공장에는

Gram fish의 복수형은 특이하게 fish 또는 fishes 둘 다 가능하나, 일반적인 복수형은 단수 형태인 "fish"로 쓰인다. children, people, fish 등은 단어 끝에 -s/es가 없으나 '복수' 역할을 한다.

PMP3 My father caught several <u>fish</u> in the river yesterday.
나의 아버지는 / 잡았다 / 몇 마리의 물고기들을 / 강에서 / 어제

동사 변형	catch	caught	caught	~을 잡다.
	Root [동사원형]	과거동사	과거분사	

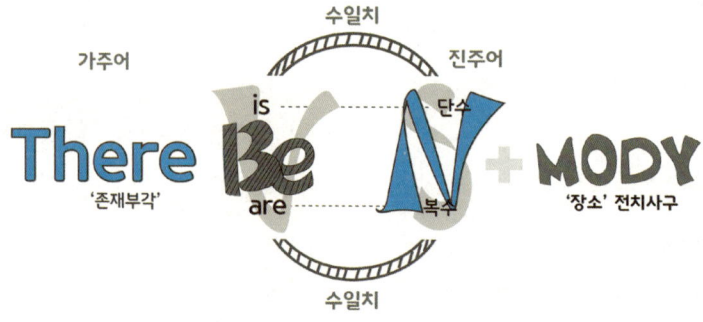

6. The garbage can behind the fence is full of dirty old clothes.
그 쓰레기통은 / 울타리 뒤에 (있는) / 가득하다. / 지저분한 오래된 옷들로

Idiom be full of ~ = be filled with ~ : ~로 가득하다

PMP1 My attic **is full of** old stuff.
나의 다락방은 / 가득하다. / 오래된 물건들로

PMP2 Your room **is full of** smoke.
당신의 방은 / 가득하다. / 연기로

 **More 보카**

some [səm] 몇몇의	river [rívər] 강
tall [tɔːl] 키가 큰	yesterday [jéstərdèi] 어제
tree [triː] 나무	full [ful] 가득한
park [paːrk] 공원	dirty [dəˊːrti] 지저분한
many [méni] 많은	clothes [klouz] 옷
worker [wəˊːrkər] 노동자	fill [fil] ~로 가득하다
factory [fǽktəri] 공장	attic [ǽtik] 다락(방)
children [tʃíldrən] 아이들	stuff [stʌf] 물건, 것(들)
people [píːpl] 사람들	room [ruːm] 방
catch [kætʃ]-caught [kɔːt]-caught [kɔːt] ~을 잡다	smoke [smouk] 연기
several [sévərəl] 몇몇의	

House [집]

1. rock	바위	10. g	쓰레기통
2. s	돌	11. f	울타리
3. p	연못	12. w	창문
4. f	물고기	13. g	정원
5. p	현관	14. s	창고
6. y	마당	15. r	지붕
7. l	잔디	16. c	굴뚝
8. g	잔디	17. b	벽돌
9. f	정문	18. f	앞문

Answer

1. rock 2. stone 3. pond 4. fish 5. porch 6. yard 7. lawn 8. grass
9. front gate 10. garbage can 11. fence 12. window 13. garden
14. storage room 15. roof 16. chimney 17. brick 18. front door

House [집]

1. We built a `fence` around the _____ this afternoon.
   우리는 세웠다.   울타리를   마당 주위에   오늘 오후에

   Answer fence, yard

2. The _____ is working on the _____.
   그   수리공은   일하는 중이다.   지붕위에서

   Answer repairman, roof

3. People are resting on the _____ in the _____.
   사람들은   쉬고 있는 중이다.   잔디에   공원에 (있는)

   Answer grass, park

4. The famous _____ was built of _____.
   그   유명한 집은   지어졌다.   벽돌로

   Answer house, brick

5. There are some _____ in the _____.
   ~있다.   몇 마리의 물고기들이   연못에

   Answer fish, pond

6. The garbage can behind the _____ is full of dirty old clothes.
   그 쓰레기통은   울타리 뒤에 (있는)   가득하다.   지저분한   오래된 옷들로

   Answer fence

1. 우리는 / 세웠다. / 울타리를 / 마당 주위에 / 오늘 오후에
   build-**built**-built a fence around the yard this afternoon

   ✏ we built _____

   Answer We built a fence around the yard this afternoon.

2. 그 수리공은 / 일하는 중이다. / 지붕위에서
   repairman be+working on the roof

   ✏ _____

   Answer The repairman is working on the roof.

3. 사람들은 / 쉬고 있는 중이다. / 잔디에 / 공원에 (있는)
   People be+resting on the grass in the park

   ✏ _____

   Answer People are resting on the grass in the park.

4. 그 유명한 집은 / 지어졌다. / 벽돌로
   famous house be+built of brick

   ✏ _____

   Answer The famous house was built of brick.

5. ~있다. / 몇 마리의 물고기들이 / 연못에
   There some fish in the pond

   ✏ _____

   Answer There are some fish in the pond.

6. 그 쓰레기통은 / 울타리 뒤에 (있는) / 가득하다. / 지저분한 오래된 옷들로
   garbage can behind the fence be+full of dirty old clothes.

   ✏ _____

   Answer The garbage can behind the fence is full of dirty old clothes.

영상에서 만났던
쉴라의 손그림

영상 ' House 1'
1분 36초에 만나보세요.

1. House vs Home

'house'와 'home' 두 단어 모두 '집'을 표현한다. 하지만, house와 home은 약간의 다른 의미를 가지고 있다. 'house'는 '건물, 집, 장소' 등의 의미로 사용되고, 'home'은 우리 가슴에 있는 '가정, 가족, 고향' 등을 의미한다.

PMP1 House : coffee house : 커피 파는 곳
　　　　　　　　steak house : 스테이크 파는 곳
　　　　　　　　The White House : 백악관
　　　　　　　　The Blue House : 청와대

PMP2 Home : I miss my home a lot.
　　　　　　　　나는 / 그립다. / 나의 집(고향)이 / 많이

More　coffee [kɔ́ːfi] 커피　steak [steik] 스테이크　miss [mis] ~을 그리워하다
　　　　　a lot [ə; lɔt] 많이

▶ 영상 ' House 2'
PLAY 9분 12초에 만나보세요.

2. fence & fencing

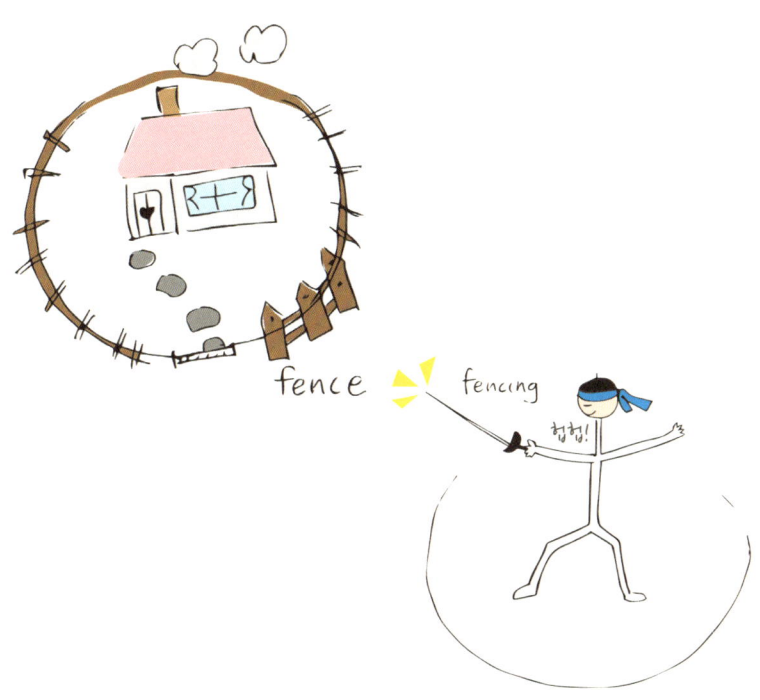

'fence'는 '울타리'를 의미한다. 울타리는 뾰족한 담장으로 집을 외부의 침입으로부터 경계하고 보호한다. 스포츠 경기의 하나인 '펜싱(fencing)'도 날카로운 '검'으로 자신을 보호한다. 즉, fence와 fencing은 '외부로부터 자신을 보호한다'는 의미로 그 어원을 같이한다.

PMP1 That boy jumped over the fence.
저 소년은 / 뛰어 넘었다. / 울타리를

PMP2 Fencing is a sport of fighting with long thin swords.
펜싱은 / 이다. / 하나의 스포츠 / 싸우는 / 길고 얇은 검들을 가지고

More jump [dʒʌmp] 뛰다 over [óuvər] ~을 넘어 fencing [fénsiŋ] 펜싱
sport [spɔːrt] 스포츠 fighting [fáitiŋ] 싸우는 long [lɔːŋ] 긴 thin [θin] 얇은
sword [sɔːrd] 검

05

Rooms [방]

bedroom
fireplace
hearth
laundry room
hall
dining room
kitchen
living room
bathroom
veranda
balcony
first floor
dumpster
basement
steps
terrace
driveway
garage
downstairs
upstairs
three-storey building
attic
apartment

5. Rooms

Rooms [방]

▶ 영상 'Rooms 1'
길이: 11분 48초

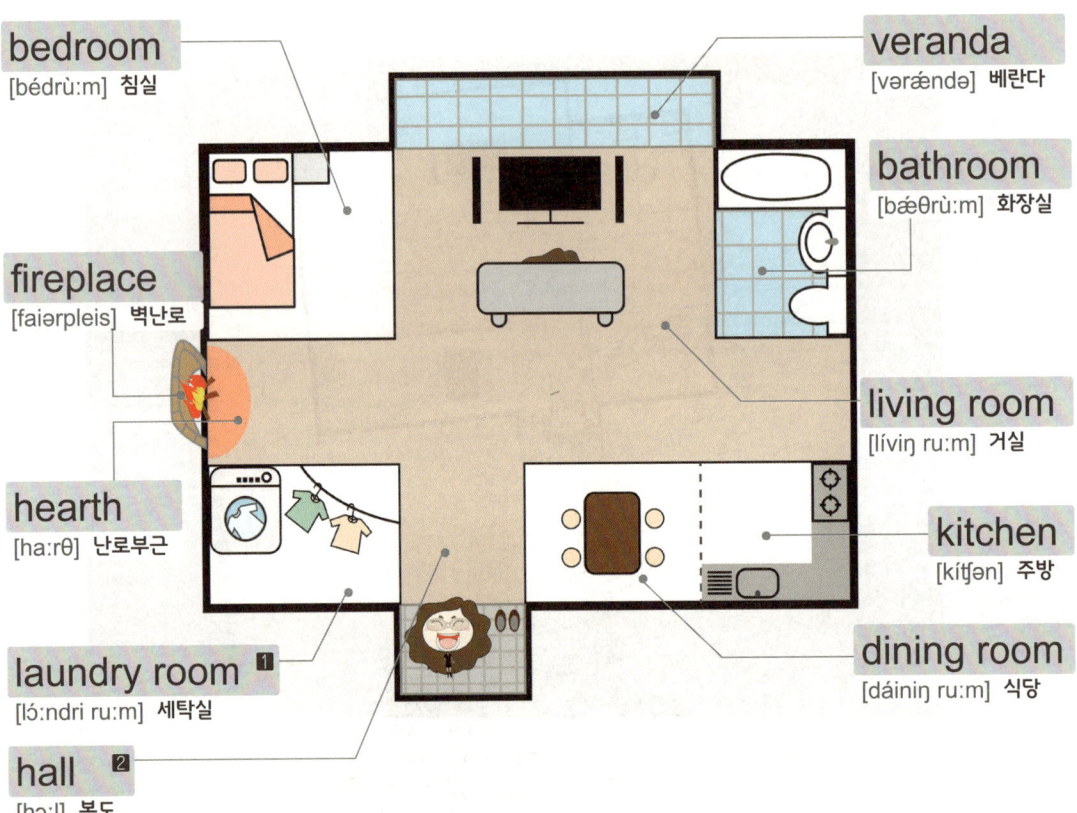

More 보카

1. 'laundry'는 '세탁물'이나 '세탁소'의 의미도 가진다.
   'do the laundry': 빨래하다.
2. 'hall'은 '복도'뿐만 아니라, City Hall(시청), concert hall(음악당), dance hall(무도회장) 등
   '회관, 건물, 강당' 등의 큰 방도 표현한다.

눈봐요 더봐요 셤봐요 써봐요

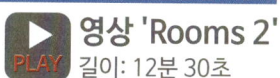
영상 'Rooms 2'
길이: 12분 30초

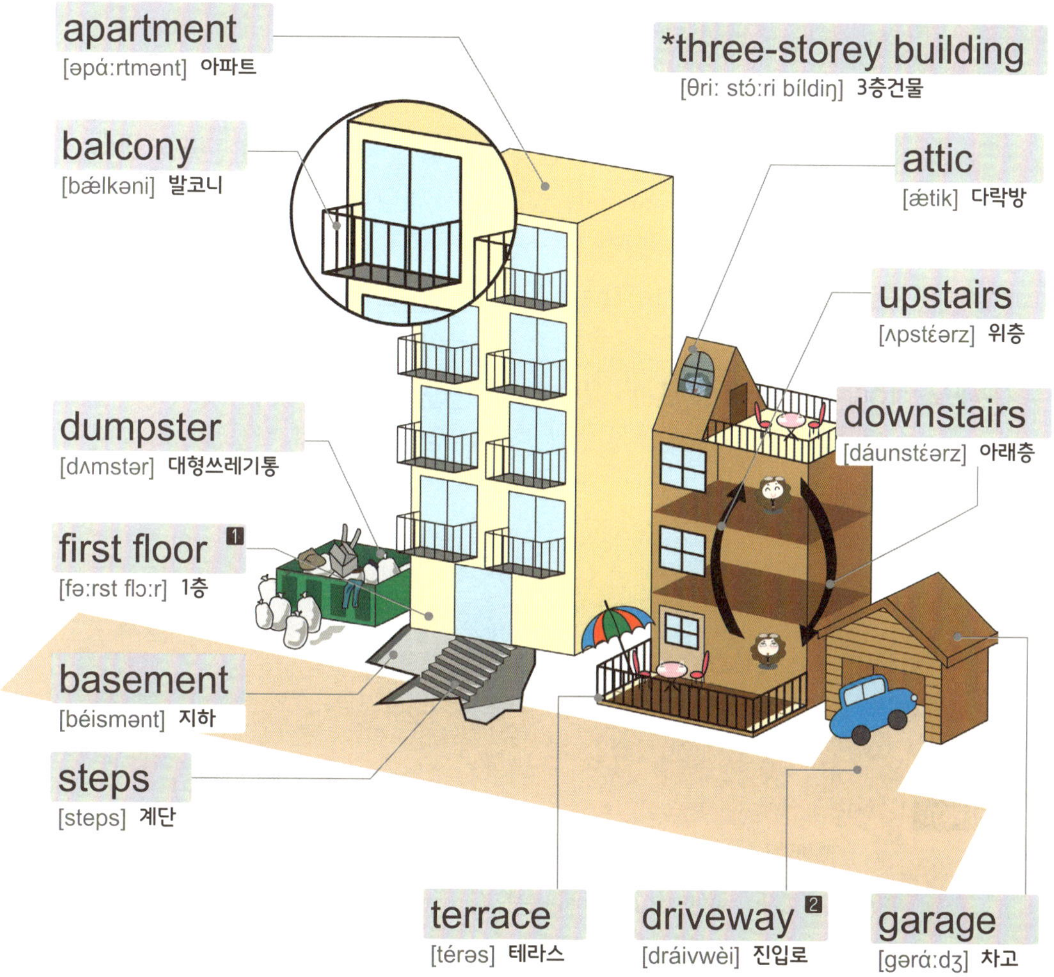

apartment
[əpá:rtmənt] 아파트

balcony
[bǽlkəni] 발코니

dumpster
[dʌmstər] 대형쓰레기통

first floor ❶
[fə:rst flɔ:r] 1층

basement
[béismənt] 지하

steps
[steps] 계단

*three-storey building
[θri: stó:ri bíldiŋ] 3층건물

attic
[ǽtik] 다락방

upstairs
[ʌpstɛ́ərz] 위층

downstairs
[dáunstɛ́ərz] 아래층

terrace
[térəs] 테라스

driveway ❷
[dráivwèi] 진입로

garage
[gərá:dʒ] 차고

More 보카

❶ 'floor'는 '바닥'과 '층'을 의미하여, 1층은 'the first floor', 2층은 'the second floor', 3층은 'the third floor'로 표현한다.

❷ 'driveway'는 집 주차장으로 들어가는 진입로, 사유 차도를 의미한다.

Rooms [방]

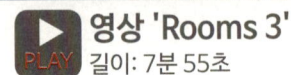
영상 'Rooms 3'
길이: 7분 55초

1. There is a fireplace in the dining room.
~있다. / 벽난로가 / 식당에

Gram There + be + N : N[명사]가 있다.
There be "N" : '~있다'라는 존재를 나타낼 때 'there'을 문두에 쓴다. 이때 문장의 주어는 be 뒤에 있는 '명사'이다. 따라서 그 명사[주어]와 'be 동사'를 수일치 시킨다.

PMP1 There is + 단수 명사 : **There is** <u>a fitness center</u> on the third floor.
　　　　　　　　　　　　　　~있다. / 헬스장이 / 　　　 3층에

PMP2 There are + 복수 명사 : **There are** <u>two students</u> in the classroom.
　　　　　　　　　　　　　　~있다. / 　두 명의 학생들이 / 교실에

2. My wife is cooking in the kitchen.
나의 아내는 / 요리하는 중이다. / 부엌에서

Gram ① be + -ing
　　: 진행형 [주어의 행위가 진행되고 있는 상황 표현]
② am / are / is + -ing [현재 진행형]
　　: 현재 '-ing하고 있는 중이다'
③ be 동사는 주어의 인칭에 따라 am, are, is로 구분 사용되며, 의미는 '(주어가) ~이다. 있다. 되다'로 쓰인다.

PMP1 She **is talking** on the phone now.
그녀는 / 말하고 있는 중이다. / 전화로 [= 통화중이다.] / 지금

눈봐요 **더봐요** 셈봐요 써봐요

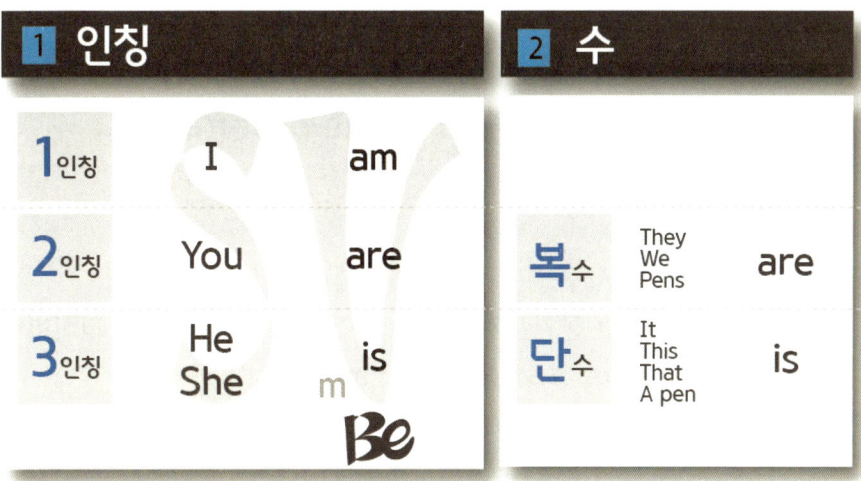

Be동사는 특이한 집안이다. 뿌리(Root)는 'Be' 하나인데, Be동사 아래 자식이 'am, are, is'로 삼형제가 있다. 이들은 '**주어**'의 ① 인칭과 ② 수에 따라 분류 사용된다.

MEANING [의미]

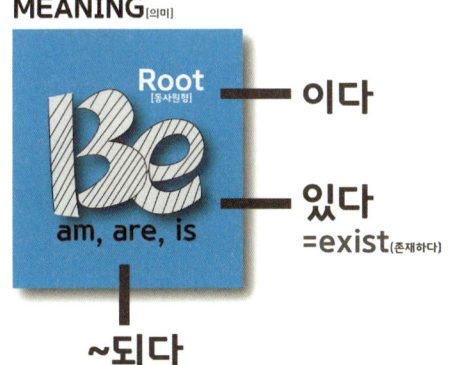

Be동사의 의미는 '주어가 어떤 상태에 있다 or 어떤 상태이다'라는 주어의 '**상태**'를 표현한다. Be동사는 의미를 가지는 '일반동사'와는 달리 의미가 거의 '없다.' 따라서 일반동사처럼 독립적으로 사용되지 않고, Be동사 뒤에 '다른 친구들(명사, 형용사 등)과 만나' 온전한 동사의 의미를 가진다. Be동사의 기본적 의미는 '주어가 ~이다, ~있다, ~되다' 이다. '~있다'는 '존재하다(exist)'의 의미도 된다.

More 보카

fitness center [fítnis séntər] 헬스장
third [θəːrd] 3번째
floor [flɔːr] 층
student [stjuːdnt] 학생
classroom [klǽsrùːm] 교실
wife [waif] 아내
cook [kúk] ~을 요리하다
talk [tɔːk] 말하다
phone [foun] 전화
now [nau] 지금

Rooms [방]

> **3. Where are you? ▷ I'm in the basement.**
> 어디에 있나요? 당신은 ▷ 나는 / 있습니다. / 지하에

- **Gram** ① 'be + 전치사구'는 주어가 '(어디에)~있다'를 의미한다.
  ② '전치사구'란 전치사가 이끄는 단어들의 '한 덩어리'를 의미한다.
  ▷ in the room : 방안에, at the party : 파티에서
- **PMP1** We **are in** the restroom.
  우리는 / 있다. / 화장실에
- **PMP2** He **is in** the garage.
  그는 / 있다. / 차고에

> **4. My husband is taking a shower in the bathroom.**
> 나의 남편은 / 샤워하는 중이다. / 욕실에서

- **Idiom** take a shower : 샤워하다
- **Refer** 현재진행형 : 앞의 2번 문장 **Gram** 참고
- **PMP1** My uncle **is working** at the office now.
  나의 삼촌은 / 일하는 중이다. / 사무실에서 / 지금

> **5. I slept in the living room last night.**
> 나는 / 잤다. / 거실에서 / 지난밤에

동사 변형	sleep	slept	slept	자다.
	Root [동사원형]	과거동사	과거분사	

6. She is in the dining room downstairs.
그녀는 / 있습니다. / 아래층 식당에

Gram 'be + 전치사구'는 주어가 '(어디에)~있다'를 의미한다.

PMP1 He **is** upstairs in the attic.
그는 / 있습니다. / 위층 다락에

PMP2 The restroom **is on** the second floor.
그 화장실은 / 있습니다. / 2층에

on, in, at의 차이

on	on the bus : 버스에서	표면, 면을 표현하는 전치사
in	in the house : 집안에서	공간을 표현하는 전치사
at	at home : 집에	정확한 장소나 시간의 지점을 표현하는 전치사

More 보카

where [wɛər] 어디	now [nau] 지금
room [ru:m] 방	sleep [sli:p]-slept [slept]-slept [slept] 자다
party [pá:rti] 파티	last [læst] 지난
restroom [restru:m] 화장실	night [nait] 밤
garage [gərá:dʒ] 차고	attic [ǽtik] 다락(방)
husband [hʌzbənd] 남편	second [sékənd] 두 번째의
take a shower [teik ə ʃáuər] 샤워하다	floor [flɔ:r] 층
uncle [ʌŋkl] 삼촌	bus [bʌs] 버스
work [wə:rk] 일하다	house [haus] 집
office [ɔ́:fis] 사무실	home [houm] 집, 가정

Rooms [방]

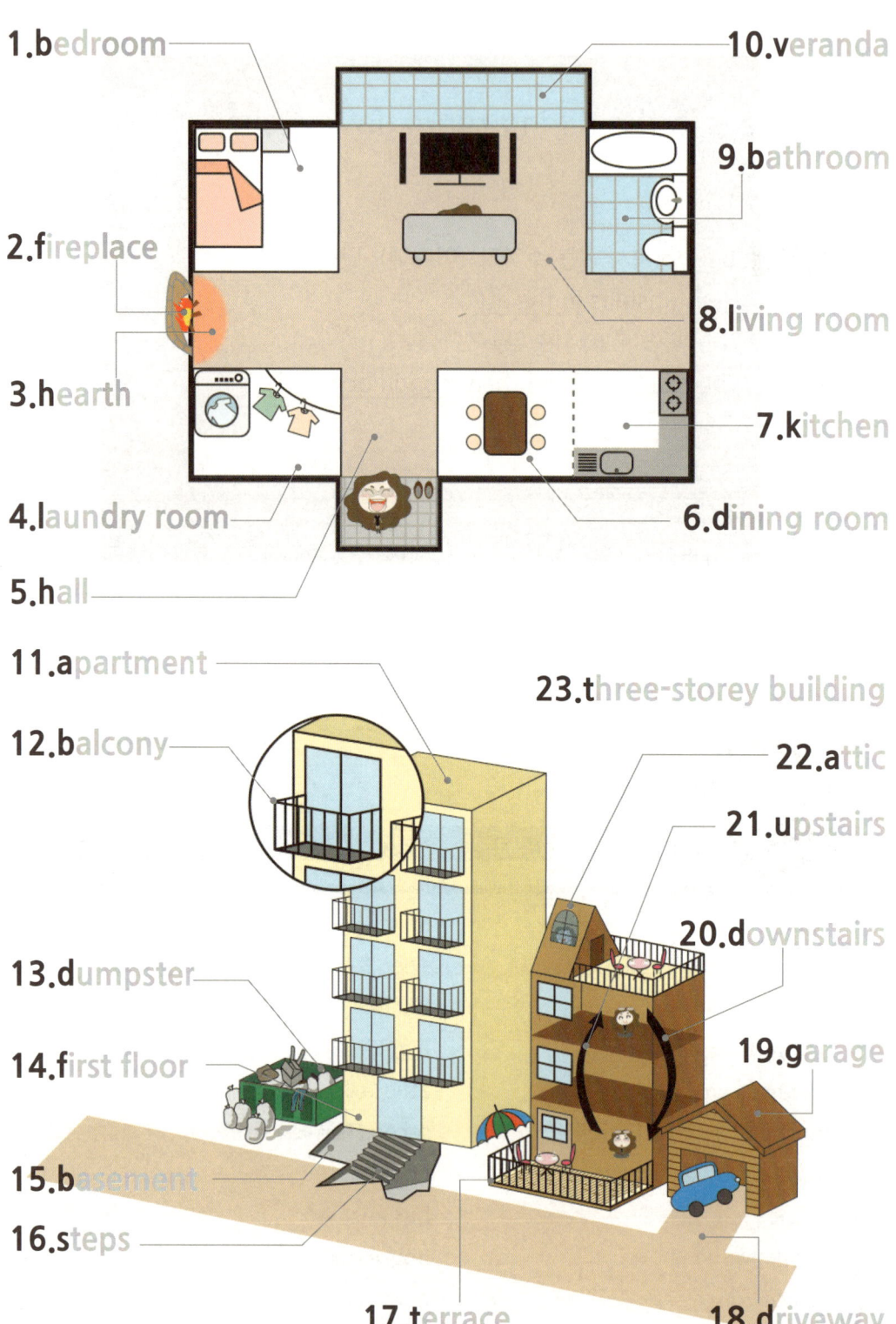

1. bedroom
2. fireplace
3. hearth
4. laundry room
5. hall
6. dining room
7. kitchen
8. living room
9. bathroom
10. veranda
11. apartment
12. balcony
13. dumpster
14. first floor
15. basement
16. steps
17. terrace
18. driveway
19. garage
20. downstairs
21. upstairs
22. attic
23. three-storey building

1. bedroom	침실	13. d	대형쓰레기통
2. f	벽난로	14. f	1층
3. h	난로부근	15. b	지하
4. l	세탁실	16. s	계단
5. h	복도	17. t	테라스
6. d	식당	18. d	진입로
7. k	주방	19. g	차고
8. l	거실	20. d	아래층
9. b	화장실	21. u	위층
10. v	베란다	22. a	다락방
11. a	아파트	23. t - s buildings	3층건물
12. b	발코니		

Answer

1. bedroom 2. fireplace 3. hearth 4. laundry room 5. hall
6. dining room 7. kitchen 8. living room 9. bathroom 10. veranda
11. apartment 12. balcony 13. dumpster 14. first floor 15. basement
16. steps 17. terrace 18. driveway 19. garage 20. downstairs
21. upstairs 22. attic 23. three-storey

Rooms [방]

1. There is a ⸢fireplace⸣ in the _____.
   ~있다. 벽난로가   식당에

   Answer fireplace, dining room

2. My _____ is cooking in the _____.
   나의 아내는   요리하는 중이다. 부엌에서

   Answer wife, kitchen

3. Where are _____ ▷ I'm in the _____.
   어디에 있나요? 당신은   나는 있습니다.   지하에

   Answer you, basement

4. My _____ is taking a shower in the _____.
   나의   남편은   샤워하는 중이다.   욕실에서

   Answer husband, bathroom

5. I slept in the _____ last _____.
   나는 잤다.   거실에서   지난밤에

   Answer living room, night

6. She is in the _____ downstairs.
   그녀는 있습니다.   아래층 식당에

   Answer dining room

눈봐요 더봐요 셤봐요 **써봐요**

1. ~있다. / 벽난로가 / 식당에
   There   a fireplace   in the dining room

   ✏️ There is

   Answer There is a fireplace in the dining room.

2. 나의 아내는 / 요리하는 중이다. / 부엌에서
   wife   be+cooking   in the kitchen

   ✏️

   Answer My wife is cooking in the kitchen.

3. 어디에 있나요? 당신은 ▷ 나는 / 있습니다. / 지하에서
   Where   in the basement

   ✏️

   Answer Where are you? ▷ I'm in the basement.

4. 나의 남편은 / 샤워하는 중이다. / 욕실에서
   husband   be+taking a shower   in the bathroom

   ✏️

   Answer My husband is taking a shower in the bathroom.

5. 나는 / 잤다. / 거실에서 / 지난밤에
   sleep-**slept**-slept in the living room last night

   ✏️

   Answer I slept in the living room last night.

6. 그녀는 / 있습니다. / 아래층 식당에
                     in the dining room downstairs

   ✏️

   Answer She is in the dining room downstairs.

영상에서 만났던
쉴라의 손그림

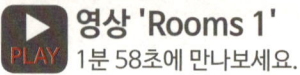

1. hearth

벽난로(fireplace) 주변의 따스한 공간에서 책을 보거나, 차를 마시고, 함께 이야기를 나눈다. 이렇게 난로 부근의 '따스한 공간'을 'hearth'라 하며, 'hearth'는 '난로 바닥'의 의미도 가진다. 따스한 '심장'을 의미하는 heart에 'h'를 뒤에 붙여 'hearth'가 된다. 발음은 hearth[hɑːrθ]로 우리 발음에 없는 '-th' 발음을 반복 연습해 친숙해지자.

PMP1 My dog is sleeping on the **hearth** in front of the fireplace.
나의 개는 / 자고 있다. / 난로 부근에서 / 벽난로 앞에서

More dog [dag] 개   sleep [sliːp] 자다   front [frʌnt] 앞

2. steps & stairs

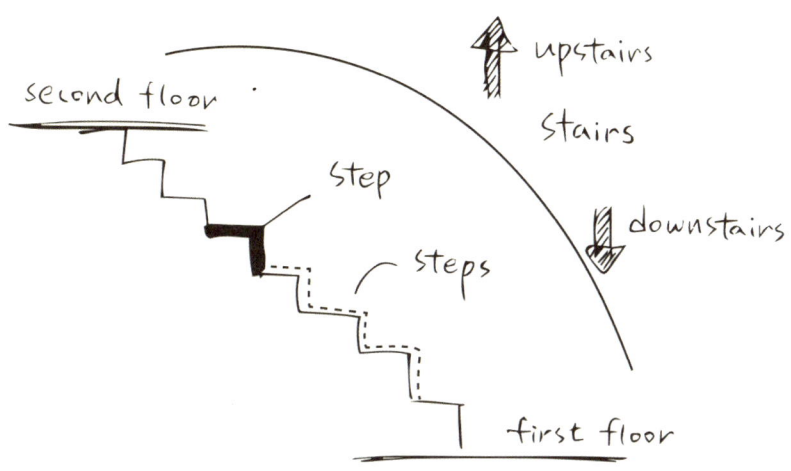

'계단'을 의미하는 단어로 'steps[steps]'과 'stairs[stɛərz]'가 사용된다. 'step'은 '한 단계' 이나 '한 걸음'을 의미하고 복수형 'step**s**'는 계단을 표현한다. 또한, 층과 층사이의 계단을 'stairs'라고 하며, 'upstairs'는 '위층'을 'downstairs'는 '아래층'을 의미한다.

PMP1 Let's do it **step by step**.
합시다. / 그것을 / 차근차근 천천히

PMP2 He is **upstairs**.
그는 / 있다. / 위층에

PMP3 She is **downstairs**.
그녀는 / 있다. / 아래층에

More Let's [lets] (=let us) ~합시다 do [du] ~을 하다

영상에서 만났던
쉴라의 손그림

영상 'Rooms 2'
3분 40초에 만나보세요.

3. dumpster diving

'Dumpster'는 상표명에서 나온 단어로 금속으로 된 '대형 쓰레기 수집 용기'를 의미한다. 'dumpster diving'은 '쓰레기통으로 잠수한다'는 상징적 의미로 노숙자들이 쓰레기통에서 쓸 만한 물건들을 찾는 행위를 표현한다. 즉 '쓰레기통 뒤지기'의 의미를 가진다.

PMP1 The homeless man found some food in the **dumpster**.
그 노숙자는 / 찾았다. / 약간의 음식을 / 쓰레기통에서

More homeless [hóumlis] 노숙자 find [faind]-found [faund]-found [faund] ~을 찾다
some [səm] 약간 food [fu:d] 음식

영상 'Rooms 2'
6분 42초에 만나보세요.

4. footsteps

'발'을 의미하는 foot과 '걸음'을 의미하는 step이 만나 footsteps '발자국'을 의미한다. 발자국은 여러 개로 주로 복수로 사용된다. 'footsteps'는 바닥에 난 '발자국' 뿐만 아니라 '발자국 소리' 또한 표현한다.

PMP1 I saw their **footsteps** in the snow.
나는 / 봤다. / 그들의 발자국들을 / 눈 위에서

PMP2 I heard **footsteps** on the stairs last night.
나는 / 들었다. / 발자국 소리를 / 계단에서 / 지난밤에

More see [siː]-saw [sɔː]-seen [siːn] ~을 보다   footstep [futstep] 발자국
snow [snou] 눈   hear [hiər]-heard [həːrd]-heard [həːrd] ~을 듣다

06

Bedroom Furniture [침실 가구]

pillow
alarm clock
table lamp
headboard
nightstand
pillowcase
blanket
mattress
footboard
bed
crib
bassinet
closet
wardrobe
clock
bookcase
bookshelf
file(paper) tray
mirror
cosmetics
vanity table
chair
desk
file cabinet
drawer
dresser

6. Bedroom Furniture

Bedroom Furniture [침실가구]

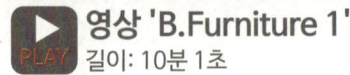
영상 'B.Furniture 1'
길이: 10분 1초

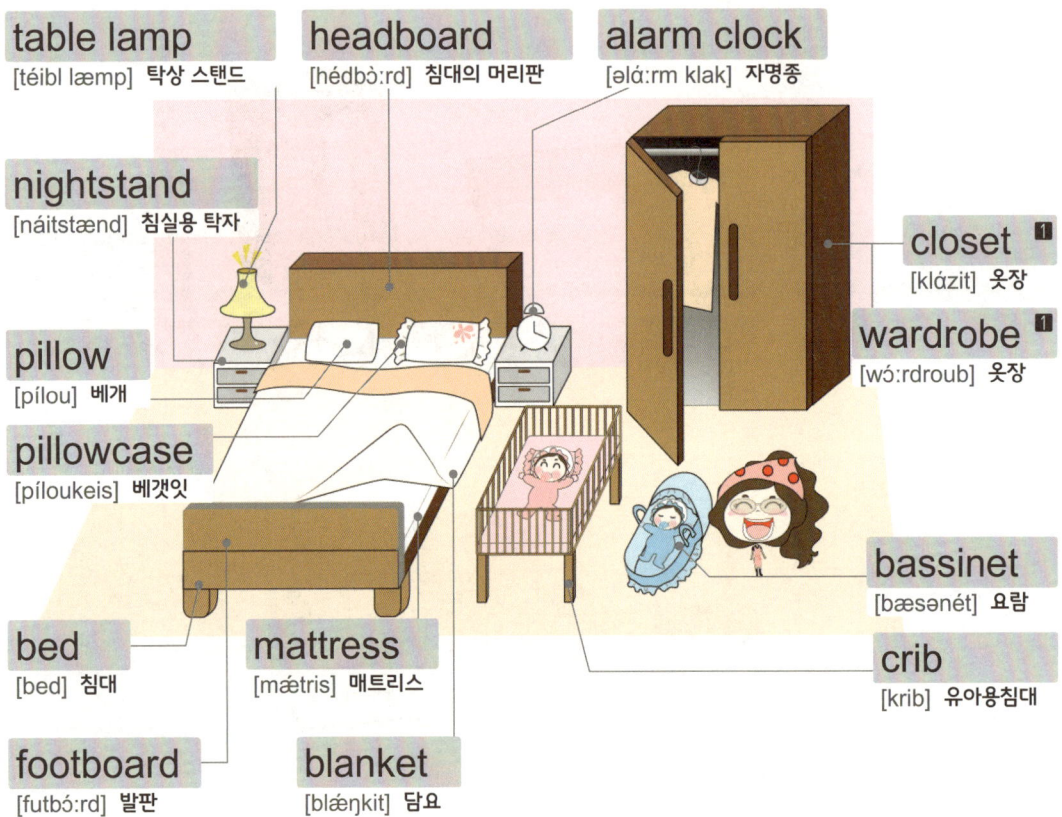

More 보카

[1] 우리말의 장롱에 가까운 단어는 'wardrobe'이라 할 수 있다. 'closet'은 일반적으로 사람이 드나드는 '작은방', 또는 '벽장'을 의미하고, '옷, 신발, 가방' 등을 보관하는 장소나 가구를 'closet'이라 표현한다.

영상 'B.Furniture 2'
길이: 16분 16초

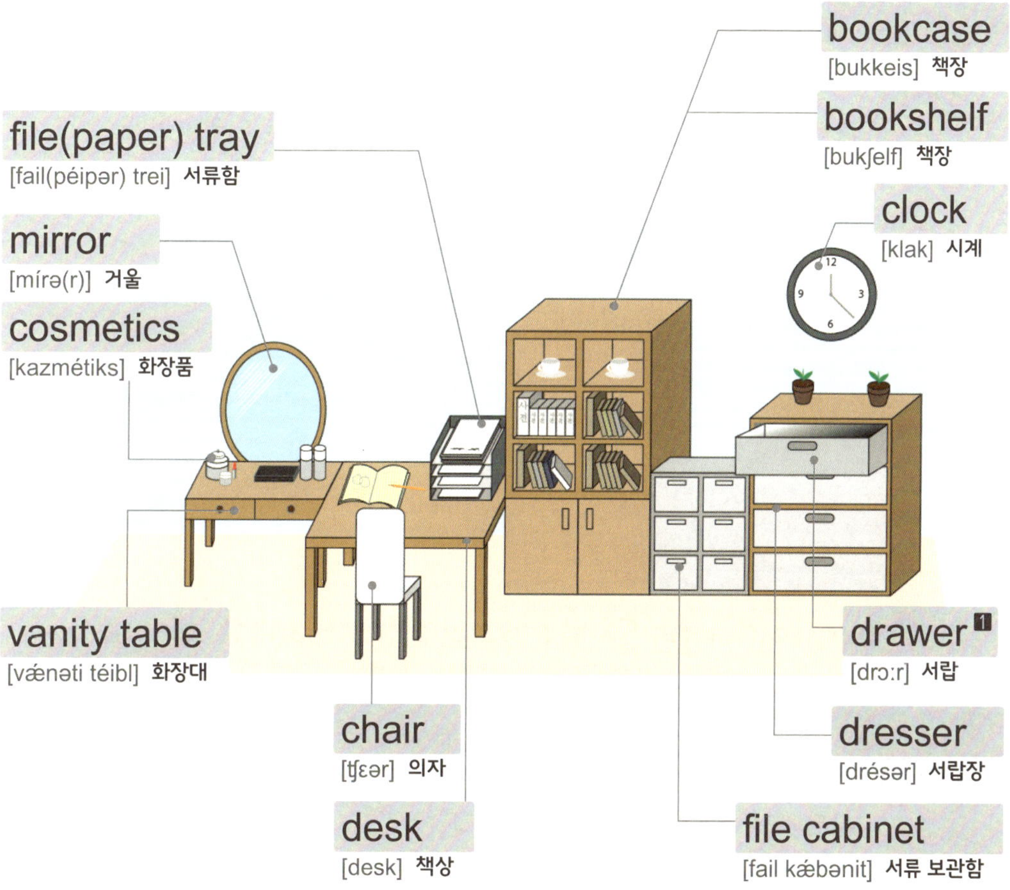

bookcase [bukkeis] 책장

bookshelf [bukʃelf] 책장

file(paper) tray [fail(péipər) trei] 서류함

clock [klak] 시계

mirror [mírə(r)] 거울

cosmetics [kazmétiks] 화장품

vanity table [vǽnəti téibl] 화장대

drawer[1] [drɔ:r] 서랍

dresser [drésər] 서랍장

chair [tʃɛər] 의자

desk [desk] 책상

file cabinet [fail kǽbənit] 서류 보관함

More 보카

[1] 'draw [drɔ:]'는 한 쪽 방향으로 무언가를 '끌다, 이동시키다'의 의미를 가져 '커튼을 치다, 제비뽑기를 하다, 차를 대다, 돈을 인출하다, 그리다'등의 다양한 의미를 표현하는 단어이다. 서랍도 한쪽 방향으로 끌어당기는 것으로 'draw'에 행위자나, 행위물을 만드는 '-er'을 붙여 '서랍'을 표현한다.

Bedroom Furniture [침실가구]

영상 'B.Furniture 3'
길이: 7분 41초

1. I always go to bed around midnight.
나는 / 항상 / 잠자러간다. / 자정쯤

Idiom ① go to bed : 여기서 bed는 '가구'의 의미가 아닌 '잠자러 가다'의 개념으로 관사를 쓰지 않는다. ② 'around+장소'는 '~주변의'를 의미하고, 'around+시간'은 '~경, ~쯤'을 의미한다.

PMP1 The earth goes **around** the sun.
지구는 / 돈다. / 태양 주변을

PMP2 I have lunch **around** noon.
나는 / 먹는다. / 점심을 / 정오쯤

2. It's very cold here. Can I have another blanket, please?
매우 춥다. / 여기는 // 내가 얻을 수 있을까요? / 하나 더 / 담요를

Gram ① '날씨', 시간, 거리, 명암[밝고, 어두움], 요일 등의 '주어'로 "It"이 사용된다. It's는 It is의 줄임말이다.
② another : '또 하나의, 더'

PMP1 [날씨] **It**'s cold outside.
춥다. / 밖은

PMP2 [요일] **It**'s Sunday today.
일요일이다. / 오늘은

PMP3 Can I have **another** cup of coffee?
마실 수 있나요? / 커피 한 잔 더

3. Your blue jeans are in the bottom drawer.
당신의 청바지는 / 있다. / 맨 아래 서랍에

Gram ① be 동사는 주어의 인칭에 따라 am, are, is로 구분 사용된다. 주어가 '복수 주어'이므로 'are'가 사용되었다. ② be동사의 의미는 '(주어가 ~)이다. (~에)있다. (~이)되다'로 쓰인다.
③ 이 중 'be + 전치사구'는 주어가 '(어디에)~있다'를 의미한다.

PMP1 I **am** your friend.
나는 / 이다. / 당신의 친구

PMP2 She **is** in the kitchen.
그녀는 / 있다. / 부엌에

PMP3 He **will be** a dentist.
그는 / 될 것이다. / 치과의사가

Gram 조동사 + 동사원형 : 조동사 'will' 뒤에 등장한 be동사는 주어의 인칭에 상관없이 '원형'을 쓴다.

More 보카

always [ɔ́ːlweiz] 항상	**another** [ənʌ́ðər] 또 하나
go [gou] 가다, 돌다	**please** [pliːz] 제발
around [əráund] ~쯤, ~경	**outside** [áutsáid] 밖의
midnight [mídnait] 자정	**Sunday** [sʌ́ndei] 일요일
earth [əːrθ] 지구	**today** [tədéi] 오늘
sun [sʌn] 태양	**cup** [kʌp] 한잔
have [həv] ~을 가지다, ~을 먹다	**coffee** [kɔ́ːfi] 커피
lunch [lʌntʃ] 점심	**blue jeans** [bluː dʒiːnz] 청바지
noon [nuːn] 정오	**bottom** [bátəm] 맨 아래
very [véri] 매우	**friend** [frend] 친구
cold [kould] 추운	**kitchen** [kítʃən] 부엌
can [kən] ~할 수 있다	**dentist** [déntist] 치과의사

Bedroom Furniture [침실가구]

> **4. The clock in the living room is 5 minutes fast.**
> 그 시계는 / 거실에 있는 / 5분 빠르다.

PMP1 My **watch** is 10 minutes fast.
　　　　나의 시계는 / 10분 빠르다.
　　　　'clock'은 벽에 걸려있거나, 실내에 두는 시계이며,
　　　　'watch'는 손에 차는 시계나 작은 시계를 의미한다.

　　　clock　　　　watch

> **5. I need to arrange my winter clothes in the wardrobe.**
> 나는 / 필요하다. / 정리하는 것이 / 나의 겨울옷들을 / 장롱 안에 있는

Gram need to R : R하는 것을 필요로 하다. or R해야 한다. "R"은 Root의
　　　　약자로 동사의 '원형', 뿌리를 뜻한다.
PMP1 I **need to** save money.
　　　　나는 필요하다. / 절약하는 것을 / 돈을
PMP2 We **need to** talk to him.
　　　　우리는 필요하다. / 말하는 것이 / 그와

on, it, at의 차이

on	on the mountain : 산 위에	표면, 면을 표현하는 전치사
in	in the basement : 지하에	공간을 표현하는 전치사
at	at the top : 꼭대기에	정확한 장소나 시간의 지점을 표현하는 전치사

6. There is a bed between the nightstands.
~이 있다. / 침대가 / 침실용 탁자들 사이에

Gram ① between + 복수명사 : 복수 명사 '사이에'
▷ between us : 우리들 사이에
② between A and B : A와 B 사이에
▷ between you and I : 너와 나 사이에

PMP1 There are many differences **between** men and women.
~ 있다. / 많은 차이들이 / 사이에는 / 남성들과 여성들

More 보카

living room [líviŋ ru:m] 거실
minute [mínit] 분
fast [fæst] 빠른
watch [watʃ] 시계
need [ni:d] 필요하다
arrange [əréindʒ] ~을 정리하다
winter [wíntər] 겨울
clothes [klouz] 옷
save [seiv] ~을 절약하다
money [mʌ́ni] 돈

talk [tɔːk] 말하다
mountain [máuntən] 산
basement [béismənt] 지하
top [tap] 정상
between [bitwíːn] 사이에
many [méni] 많은
difference [dífərəns] 차이
men [men] 남자들
women [wímin] 여성들

Bedroom Furniture [침실가구]

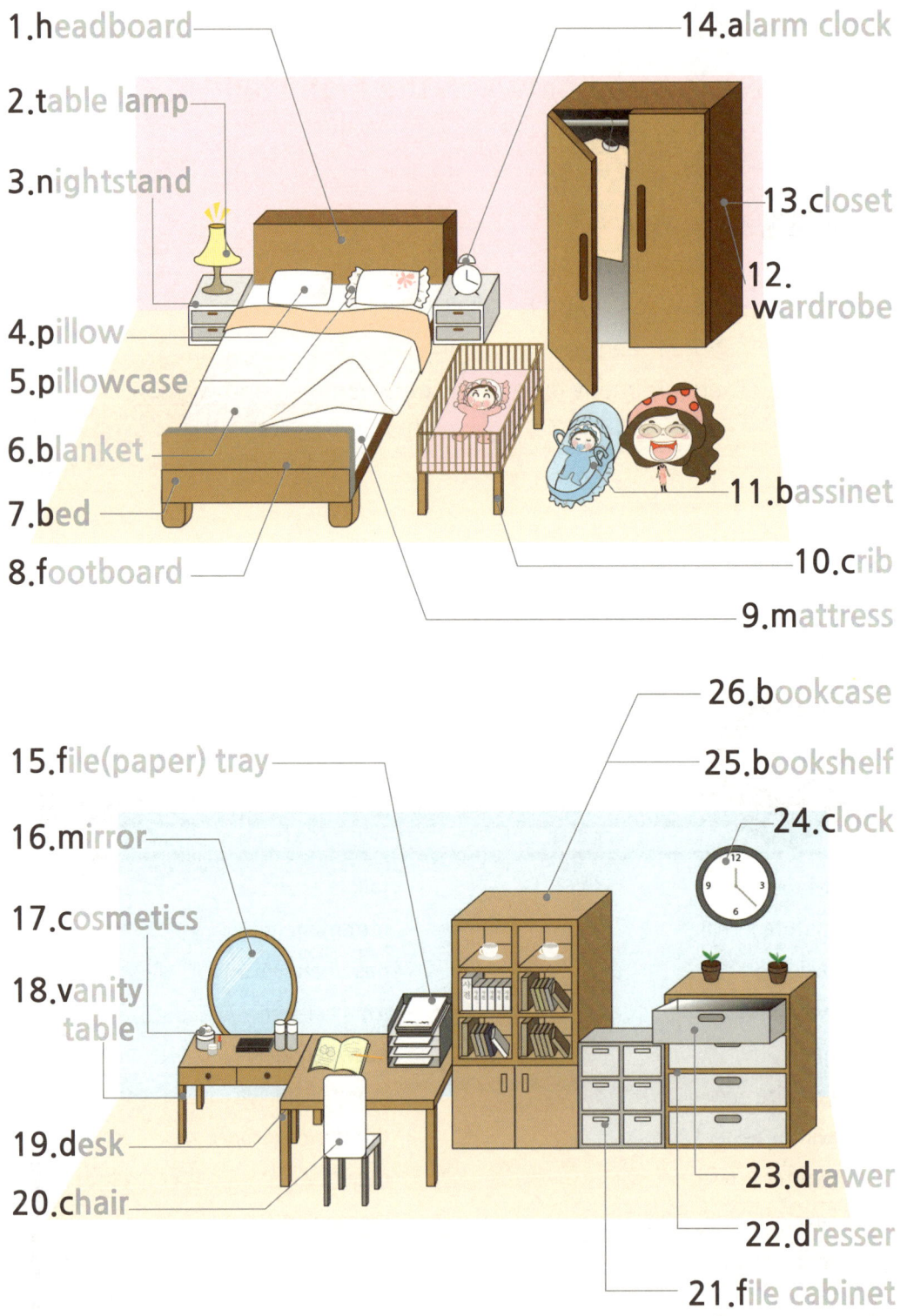

1. headboard
2. table lamp
3. nightstand
4. pillow
5. pillowcase
6. blanket
7. bed
8. footboard
9. mattress
10. crib
11. bassinet
12. wardrobe
13. closet
14. alarm clock
15. file(paper) tray
16. mirror
17. cosmetics
18. vanity table
19. desk
20. chair
21. file cabinet
22. dresser
23. drawer
24. clock
25. bookshelf
26. bookcase

1. headboard	침대의 머리판	14. a	자명종 시계
2. t	탁상 스탠드	15. f	서류함
3. n	침실용 탁자	16. m	거울
4. p	베개	17. c	화장품
5. p	베갯잇	18. v	화장대
6. b	담요	19. d	책상
7. b	침대	20. c	의자
8. f	발판	21. f	서류보관함
9. m	매트리스	22. d	서랍장
10. c	유아용 침대	23. d	서랍
11. b	요람	24. c	시계
12. w	옷장	25. b	책장
13. c	옷장	26. b	책장

Answer

1. headboard 2. table lamp 3. nightstand 4. pillow 5. pillowcase
6. blanket 7. bed 8. footboard 9. mattress 10. crib 11. bassinet
12. wardrobe 13. closet 14. alarm clock 15. file(paper) tray 16. mirror
17. cosmetics 18. vanity table 19. desk 20. chair 21. file cabinet
22. dresser 23. drawer 24. clock 25. bookshelf 26. bookcase

Bedroom Furniture [침실가구]

1. I always go to   around midnight.

   나는   항상   잠자러간다.   자정쯤

   Answer always, bed

2. It's very   here. Can I have another   , please?

   매우   춥다.   여기는 //   내가 얻을 수 있을까요? 하나 더   담요를

   Answer cold, blanket

3. Your blue jeans are in the bottom   .

   당신의   청바지는   있다.   맨 아래   서랍에

   Answer drawer

4. The   in the   is 5 minutes fast.

   그   시계는   거실에 있는   5분 빠르다.

   Answer clock, living room

5. I need to arrange my   clothes in the   .

   나는 필요하다. 정리하는 것이   나의 겨울옷들을   장롱 안에 있는

   Answer winter, wardrobe

6. There is a   between the   .

   ~이 있다.   침대가   침실용 탁자들 사이에

   Answer bed, nightstands

눈봐요 더봐요 셤봐요 **써봐요**

1. 나는 / 항상 / 잠자러간다. / 자정쯤
   always go to bed around midnight

   ✏️ I always

   Answer I always go to bed around midnight.

2. 매우 춥다. / 여기는 // 내가 얻을 수 있을까요? / 하나 더 / 담요를
   It very cold here Can I have another blanket

   ✏️

   Answer It's very cold here. Can I have another blanket, please?

3. 당신의 청바지는 / 있다. / 맨 아래 서랍에
   blue jeans in the bottom drawer

   ✏️

   Answer Your blue jeans are in the bottom drawer.

4. 그 시계는 / 거실에 있는 / 5분 빠르다.
   clock in the living room 5 minutes fast

   ✏️

   Answer The clock in the living room is 5 minutes fast.

5. 나는 / 필요하다. / 정리하는 것이 / 나의 겨울옷들을 / 장롱 안에 있는
   need to arrange winter clothes in the wardrobe

   ✏️

   Answer I need to arrange my winter clothes in the wardrobe.

6. ~이 있다. / 침대가 / 침실용 탁자들 사이에
   There bed between the nightstands

   ✏️

   Answer There is a bed between the nightstands.

쉴라의 손그림

영상에서 만났던

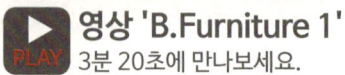
영상 'B.Furniture 1'
3분 20초에 만나보세요.

1. stand

밖에 나가면 'street food(거리음식)'를 먹을 수 있는 노점들이 많다. 'stand'는 '~서다, 서있다. ~에 위치해 있다.'의 의미를 가진다. 또한 '가판대, 좌판, 노점'을 표현 할 수 있다. 그런 의미에서 '길거리에 있는 노점'들을 모두 'stand'라고 할 수 있다. 핫도그를 파는 'hotdog stand', 햄버거를 파는 'hamburger stand', 신문, 잡지, 껌, 담배 등을 파는 'news(paper) stand' 이외에도 무언가를 진열해두는 진열대를 'display stand'라 하고, 침대 옆에 두는 작은 탁자를 'nightstand', 외투를 거는 기다란 옷걸이를 'coat stand'라 할 수 있다.

PMP1 There is a **hotdog stand** on the street.
~ 있다. / 핫도그 노점이 / 거리에

PMP2 Hang your jacket on the **coat stand**.
걸어라. / 당신의 재킷을 / 옷걸이에

More hotdog [hátdɔ̀ːg] 핫도그　street [striːt] 거리　hang [hæn] ~을 걸다
jacket [dʒǽkit] 자켓

2. tray

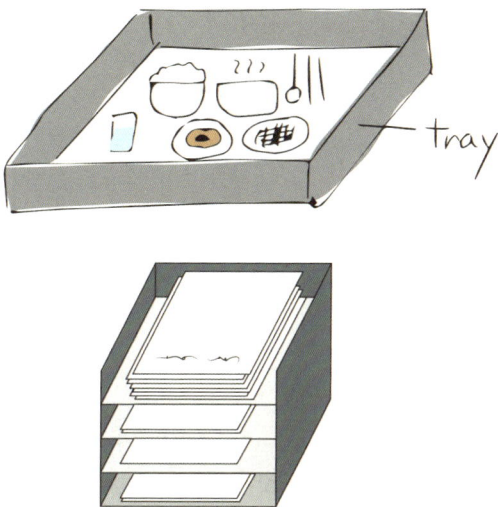

'tray[trei]'는 '쟁반'을 의미한다. 쟁반은 동그랗거나 네모난 판의 모양이며, 쟁반위에 올려놓는 사물이 떨어지거나 흘러내리지 않게 주로 외곽에 높이가 있는 테두리가 있다. 쟁반의 용도와 모습이 비슷한 '종이와 서류' 등을 얹어 놓는 'paper tray'와 file tray'를 같이 기억하자. 또한 담배의 '재'를 의미하는 'ash[æʃ]'와 'tray[trei]'가 만나 'ashtray'라고 하면 '재떨이'를 의미한다.

PMP1 Use a **tray** when you bring drinks.
사용해라 / 쟁반을 / 당신이 가져올 때 / 음료수들을

PMP2 I hate the smell of **ashtrays**.
나는 / 싫어한다. / 냄새를 / 재떨이의

More use [juːz] ~을 사용하다 when [hwən] 때 bring [briŋ] ~을 가지고 오다
drink [driŋk] 음료수 hate [heit] ~을 싫어하다 smell [smel] 냄새
ashtray [æʃtrei] 재떨이

영상에서 만났던
쉴라의 손그림

▶ 영상 'B.Furniture 2'
PLAY 13분 0초에 만나보세요.

3. shelf vs rack

무언가를 얹어놓는 '선반'을 'shelf' 또는 'rack'이라 할 수 있다. 하지만, 이 두 단어는 조금 다르게 사용된다. 일반적으로 무언가를 '올려놓거나, 얹어놓는 것'을 'shelf'라고 하고, 같은 선반일지라도 '걸어놓는 느낌'의 선반을 'rack'이라 한다. 예를 들어보자. 마켓의 물건이 진열 되어있는 선반들이나, 도서관의 책들이 진열 되어있는 책장 선반들을 'shelf'라 한다. 'rack'은 와인을 걸어두는 'wine rack', 설거지 후에 접시(dish)들을 세워두는 'dish rack', 옷을 걸어두는 'coat rack', 욕실의 수건(towel)을 걸어두는 'towel rack', 자전거(bicycle)를 묶어두는 'bicycle rack', 자동차 지붕(roof)에 짐을 실을 수 있는 'roof rack' 등의 장치에 가까운 선반들이 rack에 해당된다.
즉, '얹어놓는 선반'은 shelf, 무언가가 잡고 있거나 '걸어두는 느낌의' 선반들은 rack 이라고 한다.

PMP1 There are many books on the **bookshelf**.
　　　　~있다. /　많은 책들이 /　책장에는

PMP1 Many bicycles are chained to the **bicycle rack**.
　　　　많은 자전거들이 / 묶여있다. /　자전거 걸이에

Idiom be chained to~ : ~에 묶여있다.

More many [méni] 많은　book [buk] 책　bicycle [báisikl] 자전거　chain [tʃein] ~을 묶다

Words of Wisdom
속담립스

'**Body**(몸)편'에서 hand(손)라는 단어를 확인하셨죠? 손은 두 개니까 복수 'hands'로 자주 사용되죠? "Wash your hands! (손 닦으세요!)" 앞서 만난 문장도 다시 말해보며 'hands'를 이용한 속담 만나볼게요!

1. 백지장도 맞들면 낫다.

     Many **hands** make light work.

직역 : 많은 손들이 / 만든다. / 가벼운 일을

의역 : 많은 사람들이 함께 도우면, 어려운 일도 수월하게 할 수 있다.

Tip : 'light'은 명사로는 '빛, 전등'을 나타내지만, 형용사로 '(일이)가벼운, 수월한'의 의미도 표현한다.

07

Living room Furniture [거실 가구]

curtain rod
shoe closet
shoe shelf
flowerpot
blinds
curtain
windowsill
wall
full-length mirror
entrance hall
armrest
armchair
sofa
couch
trashcan
coffee table
tablecloth
loveseat
rug
carpet
clothes rack
coat stand
furniture
swivel chair
clothes hanger

7. Living room Furniture

Living room Furniture [거실 가구]

영상 'L.Furniture 1'
길이: 12분 8초

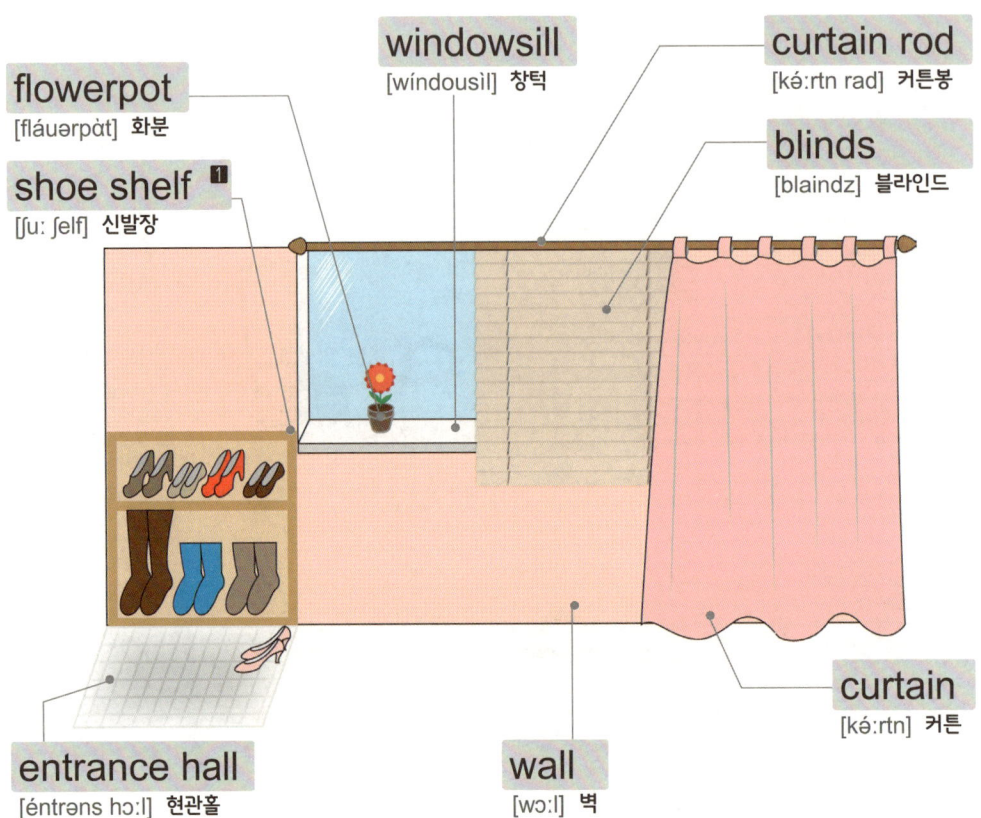

More 보카

1 '신발장'을 표현하는 단어로 'shoe rack, shoe shelf , shoe closet'이 있다.
rack과 shelf는 둘 다 우리말의 '선반'을 의미하나, rack은 무언가를 '거는, 걸어두는 느낌'의 장치에 가까운 선반을 의미하고, shelf는 무언가를 판위에 '얹어놓는 느낌'의 선반을 의미한다. closet은 천장에서 바닥까지 있는 보관함으로 벽장에 가까운 것을 의미 :
supermarket **shelves**(슈퍼마켓 선반들) book**shelf**(책장) / dish **rack**(식기건조대), wine **rack**(와인걸이, 선반), coat **rack**(코트걸이)

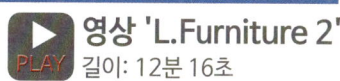

영상 'L.Furniture 2'
길이: 12분 16초

sofa
[sóufə] 소파

couch
[kautʃ] 소파

full-length mirror
[ful leŋkθ mírə(r)] 전신 거울

armchair
[ɑ:rmtʃer] 안락의자

armrest
[á:rmrèst] 팔걸이

trashcan
[træʃkən] 쓰레기통

tablecloth
[teɪblklɔ:θ] 식탁보

rug
[rʌg] 깔개

coffee table
[kɔ́:fi téibl] 커피 탁자

loveseat
[lʌvsi:t] 2인용 소파

swivel chair
[swívəl tʃɛər] 회전의자

carpet
[ká:rpit] 카페트

clothes rack
[klouz ræk] (금속봉의) 옷걸이

coat stand
[kout stænd] 코트 걸이

clothes hanger
[klouz hǽŋər] 옷걸이

119

Living room Furniture [거실 가구]

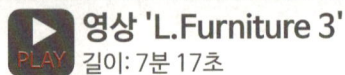
영상 'L.Furniture 3'
길이: 7분 17초

1. Do you have a coat stand in your room?
당신은 / 가지고 있나요? / 코트걸이를 / 당신의 방에

Gram ① '일반동사 의문문'은 조력자 'Do'의 도움이 필요하다. 문두에 가볍게 'Do'만 붙이면 의문문이 된다. ② 일반동사란? 사랑하다, 먹다, 놀다, 자다(love, eat, play, sleep) 등의 '의미'를 가진 모든 동사를 의미한다.

PMP1 **Do** you **love** him?
당신은 / 사랑합니까? / 그를

PMP2 **Do** you **eat** breakfast?
당신은 / 먹습니까? / 아침을

PMP3 **Do** you **sleep** well?
당신은 / 잡니까? / 잘

2. Put your boots in the shoe closet.
넣어라. / 당신의 부츠들을 / 신발장 안에

Gram put은 목적어를 '~에 두다'의 의미로, 일반적으로 뒤에 '장소표현' 친구들이 등장한다.

PMP1 <u>Put</u> your bag **here**.
두어라. / 당신의 가방을 / 여기에

PMP2 <u>Put</u> your keys **on the table**.
놓아라. / 당신의 열쇠들을 / 테이블 위에

 **More 보카**

have [həv] ~을 가지다, ~을 먹다	**well** [wel] 잘
room [ru:m] 방	**put** [put] ~을 넣다
love [lʌv] ~을 사랑하다	**boots** [bu:ts] 부츠
eat [i:t] ~을 먹다	**bag** [bæg] 가방
play [plei] 놀다	**here** [hiər] 여기
sleep [sli:p] 자다	**key** [ki:] 열쇠
breakfast [brékfəst] 아침식사	**table** [téibl] 테이블

Living room Furniture [거실 가구]

3. I want to buy a new armchair.
나는 / 원한다. / 사기를 / 새 안락의자를

Gram 'want to R'는 'Root(동사원형)하기를 원하다'의 의미로 발음은 'wanna[wάnə]'로 편안하게 사용할 수 있다.

PMP1 I **want to** go there.
나는 / 원한다. / 가기를 / 거기에

PMP2 I **want to** study here.
나는 / 원한다. / 공부하기를 / 여기에서

4. My mother is taking a nap on the couch now.
나의 엄마는 / 낮잠 자는 중이다. / 소파에서 / 지금

Gram ① be + -ing : 진행형 [주어의 행위가 진행되고 있는 상황 표현]
② am / are / is + -ing [현재 진행형] : 현재 '-ing하고 있는 중이다'
③ be 동사는 주어의 인칭에 따라 am, are, is로 구분 사용되며, 의미는 '(주어가) ~이다. 있다. 되다'로 쓰인다.

PMP1 Amanda **is watching** a movie now.
Amanda는 / 보고 있는 중이다. / 영화를 / 지금

Idiom take a nap : 낮잠 자다

on, in, at의 차이

on	on the roof : 지붕에	표면, 면을 표현하는 전치사
in	in the waiting room : 대기실에	공간을 표현하는 전치사
at	at that moment : 그때에	정확한 장소나 시간의 지점을 표현하는 전치사

눈봐요 **더봐요** 셤봐요 써봐요

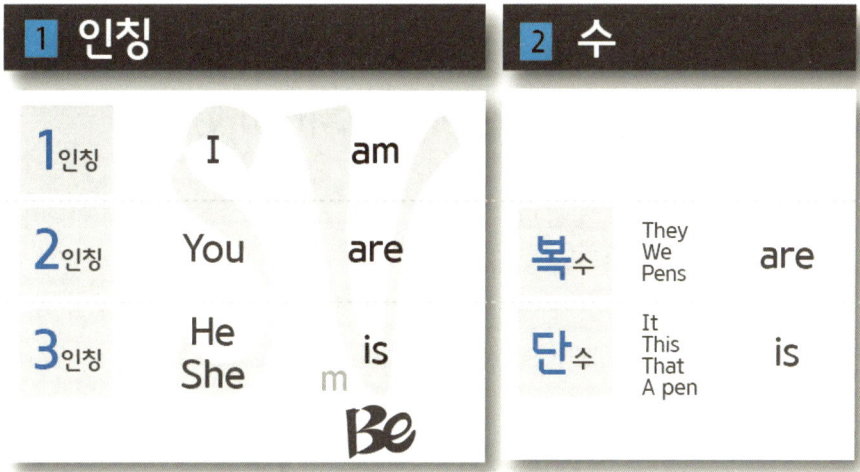

Be동사는 특이한 집안이다. 뿌리(Root)는 'Be' 하나인데, Be동사 아래 자식이 'am, are, is'로 삼형제가 있다. 이들은 '**주어**'의 ① 인칭과 ② 수에 따라 분류 사용된다.

More 보카

want [want] 원하다	**take a nap** [téik ə næp] 낮잠 자다
buy [bai] ~을 사다	**now** [nau] 지금
new [nuː] 새로운	**watch** [watʃ] ~을 보다
go [gou] 가다	**movie** [múːvi] 영화
there [ðəɾ] 거기에	**roof** [ruːf] 지붕
study [stʌdi] ~을 공부하다	**waiting room** [wéitiŋ rùːm] 대기실
mother [mʌðər] 어머니	**moment** [móumənt] 때

Living room Furniture [거실 가구]

5. The tablecloth was stained with ink.
그 식탁보는 /   물들었다.   / 잉크로

Gram ① be + -p.p : was stained
'수동태'-(주어가 ~한 상태가) '되다. 당하다'의 수동적인 의미
② be동사 'am과 is'의 과거형은 was이고 'are'의 과거형은 were이다.

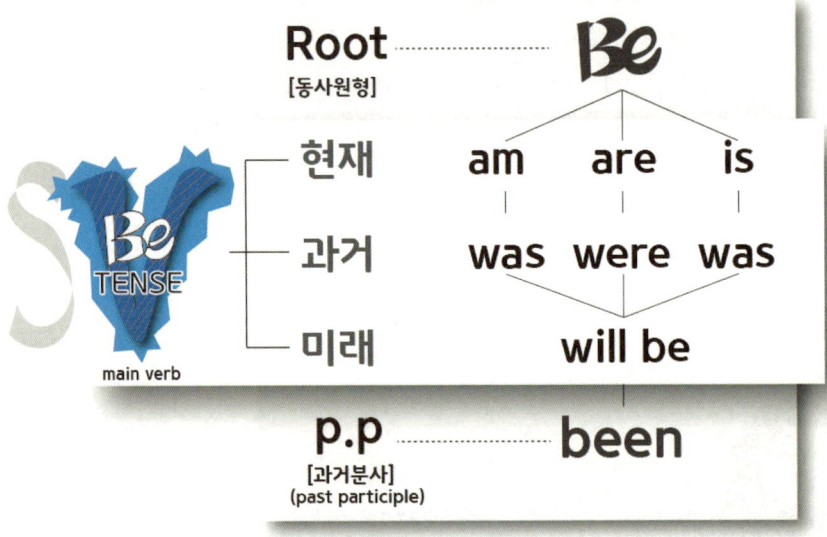

PMP1 The book **was published** by EWC.
그 책은 /   출판되어졌다. /   EWC에 의해

PMP2 The machine **was invented** in 1880.
그 기계는 /   발명되어졌다. / 1880년에

PMP3 The cafe **was designed** by my uncle.
그 카페는 / 디자인되어졌다. / 나의 삼촌에 의해서

PMP4 My computer **was repaired** this afternoon.
나의 컴퓨터는 /   수리되어졌다. / 오늘 오후에

Gram 'ink'는 셀 수 없는 물질명사로 '관사'를 쓰지 않는다.

6. My mother is wiping off the coffee table.
나의 엄마는 / 닦고 있는 중이다. / 커피 테이블을

Gram
① be + -ing : 진행형 [주어의 행위가 진행되고 있는 상황 표현]
② am / are / is + -ing [현재 진행형] : 현재 '-ing하고 있는 중이다'
③ be 동사는 주어의 인칭에 따라 am, are, is로 구분 사용되며, 의미는 '(주어가) ~이다. 있다. 되다'로 쓰인다.

Idiom wipe off ~ : ~을 닦아내다

PMP1 <u>Wipe off</u> the dust.
털어내라. / 먼지를

PMP2 <u>Wipe off</u> your mouth. = Wipe your mouth.
닦아라. / 당신의 입을

More 보카

stain [stein] ~을 물들이다	uncle [ʌŋkl] 삼촌
ink [iŋk] 잉크	computer [kəmpjúːtər] 컴퓨터
book [buk] 책	repair [ripέər] ~을 수리하다
publish [pʌbliʃ] ~을 출판하다	afternoon [æftərnuːn] 오후
machine [məʃiːn] 기계	wipe off [waip ɔːf] ~을 닦다
invent [invént] ~을 발명하다	dust [dʌst] 먼지
cafe [kæféi] 카페	mouth [mauθ] 입
design [dizáin] ~을 디자인하다	

Living room Furniture [거실 가구]

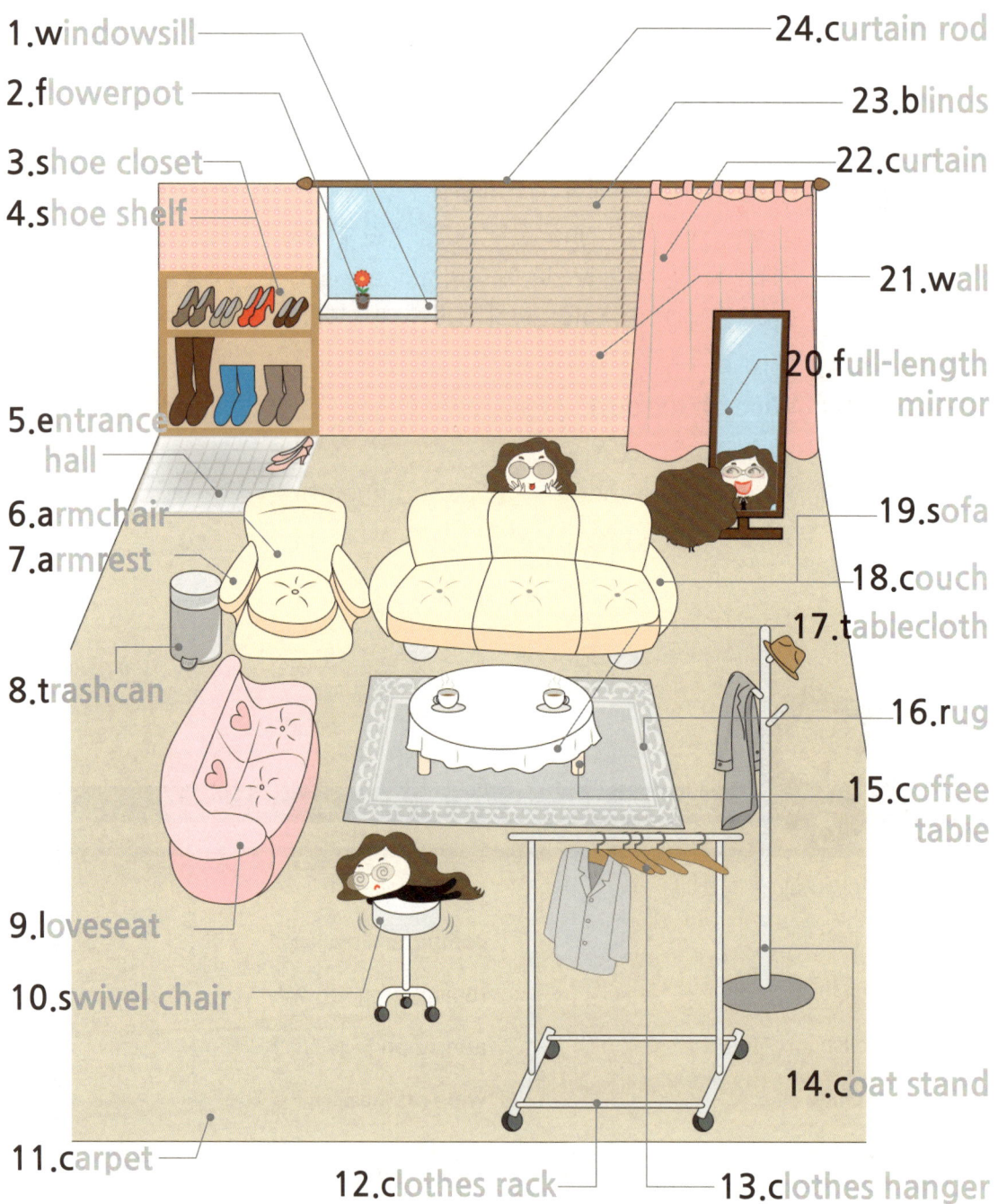

1. windowsill
2. flowerpot
3. shoe closet
4. shoe shelf
5. entrance hall
6. armchair
7. armrest
8. trashcan
9. loveseat
10. swivel chair
11. carpet
12. clothes rack
13. clothes hanger
14. coat stand
15. coffee table
16. rug
17. tablecloth
18. couch
19. sofa
20. full-length mirror
21. wall
22. curtain
23. blinds
24. curtain rod

1. windowsill	창턱	13. c	옷걸이
2. f	화분	14. c	코트걸이
3. s	신발장	15. c	커피탁자
4. s	신발장	16. r	깔개
5. e	현관홀	17. t	식탁보
6. a	안락의자	18. c	소파
7. a	팔걸이	19. s	소파
8. t	쓰레기통	20. f	전신거울
9. l	2인용소파	21. w	벽
10. s	회전의자	22. c	커튼
11. c	카페트	23. b	블라인드
12. c	(금송봉의) 옷걸이	24. c	커튼봉

Answer

1. windowsill 2. flowerpot 3. shoe closet 4. shoe shelf 5. entrance hall
6. armchair 7. armrest 8. trashcan 9. loveseat 10. swivel chair 11. carpet
12. clothes rack 13. clothes hanger 14. coat stand 15. coffee table
16. rug 17. tablecloth 18. couch 19. sofa 20. full-length mirror 21. wall
22. curtain 23. blinds 24. curtain rod

Living room Furniture [거실 가구]

1. Do you have a **coat stand** in your _____?

   당신은 가지고 있나요?   코트걸이를   당신의 방에

   Answer coat stand, room

2. Put your _____ in the _____.

   넣어라. 당신의   부츠들을   신발장 안에

   Answer boots, shoe closet

3. I _____ to buy a new _____.

   나는 원한다.   사기를   새 안락의자를

   Answer want, armchair

4. My _____ is taking a nap on the _____ now.

   나의 엄마는   낮잠 자는 중이다.   소파에서   지금

   Answer mother, couch (or sofa)

5. The _____ was stained with _____.

   그   식탁보는   물들었다.   잉크로

   Answer tablecloth, ink

6. My _____ is wiping off the _____.

   나의 엄마는   닦고 있는 중이다.   커피 테이블을

   Answer mother, coffee table

눈봐요 더봐요 셤봐요 **써봐요**

1. 당신은 / 가지고 있나요? / 코트걸이를 / 당신의 방에
   Do   have   a coat stand   in your room

   ✎ Do you

   Answer Do you have a coat stand in your room?

2. 넣어라. / 당신의 부츠들을 / 신발장 안에
   Put   boots   in the shoe closet

   ✎

   Answer Put your boots in the shoe closet.

3. 나는 / 원한다. / 사기를 / 새 안락의자를
   want   to buy   a new armchair

   ✎

   Answer I want to buy a new armchair.

4. 나의 엄마는 / 낮잠 자는 중이다. / 소파에서 / 지금
   mother   be+taking a nap   on the couch   now

   ✎

   Answer My mother is taking a nap on the couch now.

5. 그 식탁보는 / 물들었다. / 잉크로
   tablecloth   be+stained   with ink

   ✎

   Answer The tablecloth was stained with ink.

6. 나의 엄마는 / 닦고 있는 중이다. / 커피 테이블을
   mother   be+wiping off   the coffee table

   ✎

   Answer My mother is wiping off the coffee table.

129

영상에서 만났던
쉴라의 손그림

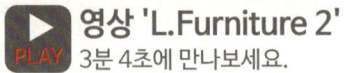
영상 'L.Furniture 2'
3분 4초에 만나보세요.

1. armchair

'arm'은 '팔'을 의미한다. '의자'를 의미하는 'chair'가 함께 하여, 팔을 편안히 놓고 앉을 수 있는 '안락의자'를 'armchair'라 한다. 'armrest'는 안락의자의 '팔을 놓는 부분'을 의미한다. 'rest'는 '쉬다, 휴식하다, 쉬게 하다'의 기본의미에서 '~을 얹는 [받치는]것'의 의미가 되어 'armrest'는 비행기나 자동차 또는 의자의 '팔걸이'로 표현된다.

PMP1 I want to buy a nice **armchair** for my birthday gift.
나는 / 사고 싶다. / 좋은 안락의자를 / 나의 생일선물로

PMP2 The **armrests** on this chair are a little bit high for my son.
팔걸이들은 / 이 의자의 / (어떤 상태) 이다. / 약간 높은 / 나의 아들에게

More want [want] 원하다 buy [bai] ~을 사다 nice [nais] 좋은 birthday [bə́ːrθdèi] 생일
gift [gift] 선물 a little bit [ə; lítl bit] 약간 high [hai] 높은 son [sʌn] 아들

2. sea wall

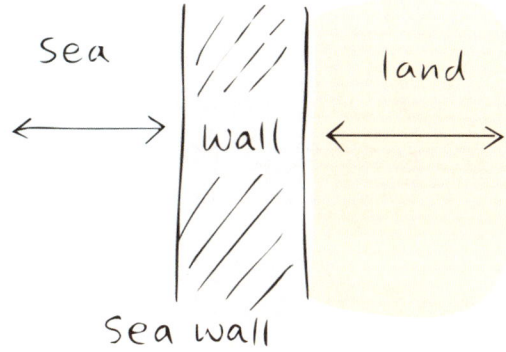

'wall'은 안과 밖을 구분하는 '벽'을 의미한다. 이러한 wall 앞에 '바다'를 의미하는 'sea'를 더해 육지와 바다를 구분하는 '방파제'인 'sea wall'이란 단어를 만들 수 있다. 또한, sea wall은 벽처럼 높은 파도(big wave)인, 쓰나미(tsunami)도 의미할 수 있다.

PMP1 The **sea wall** should sustain the shock of waves.
   그 방파제는 / 견뎌야한다. / 충격을 / 파도들의

More sea wall [síː wɔ́ːl] 방파제   should [ʃəd] ~해야 한다   sustain [səstéin] ~을 견디다
shock [ʃak] 충격   wave [weiv] 파도

쉴라의 손그림

영상에서 만났던

▶ 영상 'L.Furniture 1'
3분 17초에 만나보세요.

3. rod

금속이나, 나무, 유리 등으로 만들어진 길고, 얇은 막대들을 'rod'라 한다. '회초리'도 길고 얇은 모양으로 'rod'라 할 수 있고, 커튼을 끼워두는 커튼봉은 'curtain rod'라 한다. 또한 낚시를 의미하는 'fishing'과 'rod'가 만나 '낚싯대'를 'fishing rod'라 한다.

PMP1 My dad bought an expensive **fishing rod** yesterday.
나의 아빠는 / 샀다. / 비싼 낚싯대를 /   어제

PMP2 Spare the **rod** and spoil the child.
아껴라. / 회초리를 / 그러면 / 망친다. / 당신의 아이를
= 매를 아끼면 아이를 망친다.

More expensive [ikspénsiv] 비싼 fishing rod [fíʃiŋ rad] 낚싯대 yesterday [jéstərdèi] 어제
spare [spɛər] ~을 아끼다 rod [rad] 회초리 spoil [spɔil] ~을 망치다 child [tʃaild] 아이

영상 'L.Furniture 1'
6분 15초에 만나보세요.

4. flowerpot

'flower'는 '꽃'을 의미하고, 앞서 만난 'pot'은 '냄비, 솥'을 의미하여 '무언가를 담을 수 있는 냄비 모양들의 용기'들 또한 의미한다. 따라서 'flowerpot'은 '화분'을 의미한다.

PMP1 There are many **flowerpots** on the windowsills.
~있다. / 많은 화분들이 / 창가 틀 위에

More many [méni] 많은

08

Kitchen Appliances [주방 기기]

refrigerator
freezer
kitchen cabinet
microwave
rice cooker
toaster
kitchen counter
oven
dishwasher
blender
gas stove
air purifier
water purifier
iron
ironing board
washing machine
vacuum (cleaner)

8. Kitchen Appliances

Kitchen Appliances [주방기기]

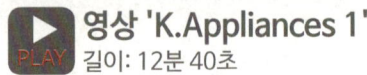
영상 'K.Appliances 1'
길이: 12분 40초

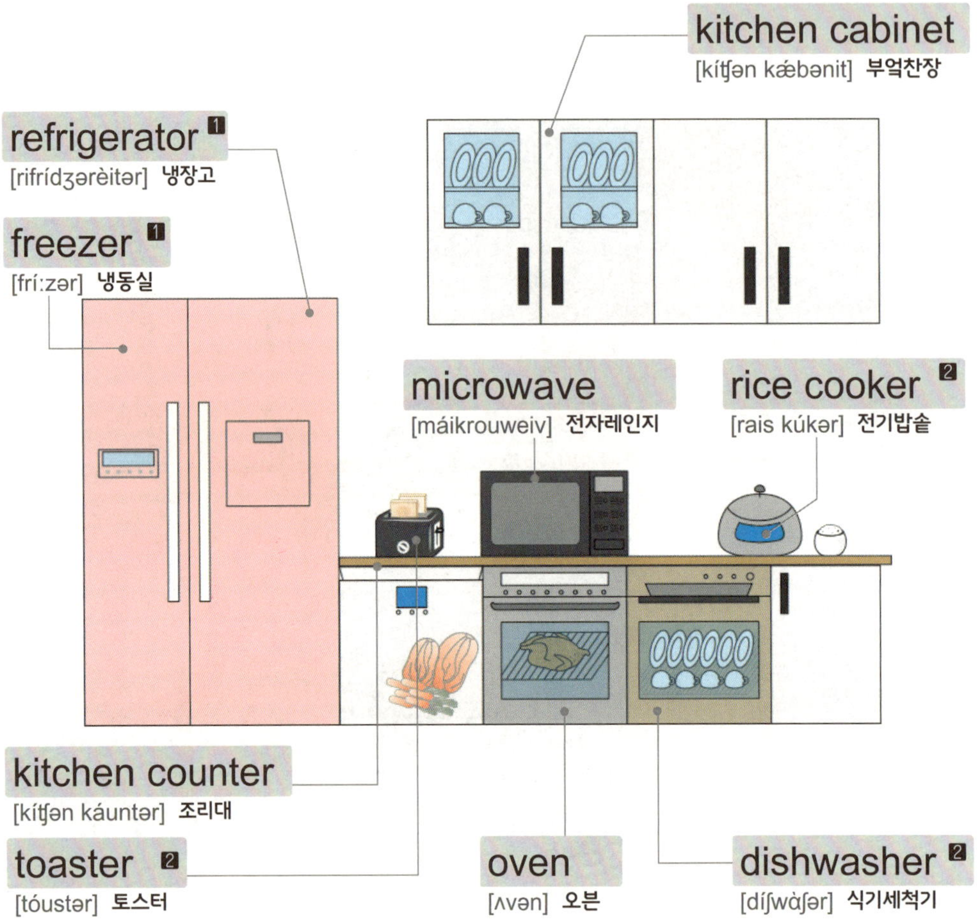

kitchen cabinet
[kítʃən kæbənit] 부엌찬장

refrigerator [1]
[rifrídʒərèitər] 냉장고

freezer [1]
[frí:zər] 냉동실

microwave
[máikrouweiv] 전자레인지

rice cooker [2]
[rais kúkər] 전기밥솥

kitchen counter
[kítʃən káuntər] 조리대

toaster [2]
[tóustər] 토스터

oven
[ʌvən] 오븐

dishwasher [2]
[díʃwɑ̀ʃər] 식기세척기

More 보카

[1] 냉장고는 'refrigerator'와 간단하게 'fridge [fridʒ]'로 표현한다.
freeze [fri:z]는 '~얼리다'의 의미로, 행위자나, 행위물을 만드는 '-er'을 붙여 'freezer'는 '냉동실'을 표현한다.

[2] 단어 끝에 '-er'을 붙여 그 단어의 행위를 하는 사람이나 사물을 표현 :
cooker(요리기구), toaster(빵 굽는 기구), dishwasher(식기세척기)

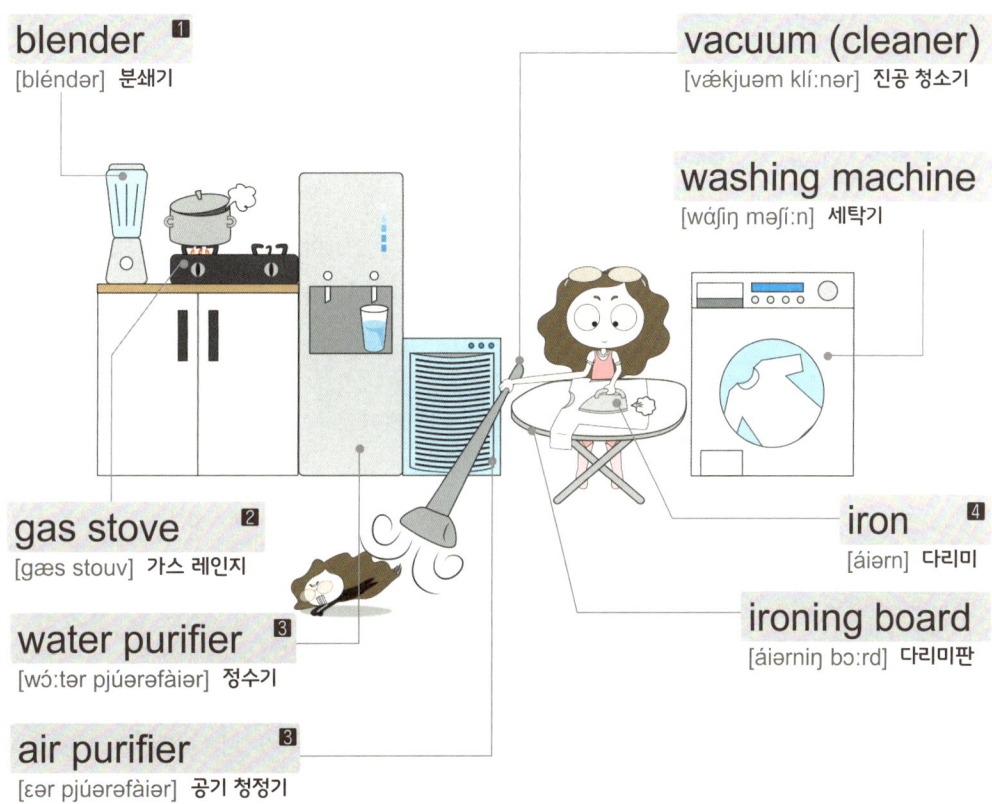

More 보카

① '혼합하다, 섞다'의 의미를 가진 'blend와 mix'에 '-er'을 붙여 섞는 행위를 하는 기구를 표현한다. 'blender'와 'mixer[míksər]'는 과일이나 채소, 음식을 분쇄하거나, 혼합하는 기구를 의미한다.

② 'stove'는 '난로'의 의미를 가져, 우리가 알고 있는 가스레인지(gas range)를 'gas stove'라고도 표현한다. 전기를 이용한 것은 'electric stove[iléktrik stouv] / range[reindʒ]'라 한다.

③ 'purify[pjúərəfài]'는 '영혼이나 정신, 물이나 공기' 등을 '정화하다, 순화하다'의 의미를 가진다. 단어 끝에 '-er'을 붙여 그 단어의 행위를 하는 air purifier(공기청정기), water purifier(정수기)를 만들 수 있다.

④ iron은 '다리미' 뿐만 아니라 '철, 쇠, 철분'의 의미도 가진다.

Kitchen Appliances [주방기기]

 영상 'K.Appliances 3'
길이: 7분 25초

1. This **freezer** is full of frozen food.
이 냉동실은 / 가득하다. / 냉동식품으로

- **Idiom** be full of ~ = be filled with ~ : ~로 가득하다
- **PMP1** Your apartment **is full of** new and unique furniture.
  당신의 아파트는 / 가득하다. / 새롭고 / 독특한 가구들로
- **Gram** furniture[가구], information[정보], equipment[장비] 등은 셀 수 없는 명사로 '관사' 및 '복수' 형태를 취하지 않는다.

2. I have to buy a new **vacuum cleaner**.
나는 / 사야한다. / 새로운 청소기를

- **Gram** have to R : R해야 한다.
  "R"은 Root의 약자로 동사의 '원형', 뿌리를 뜻한다.
- **PMP1** I **have to** finish this work by tonight.
  나는 / 끝내야한다. / 이 일을 / 오늘 밤까지

눈봐요 **더봐요** 셈봐요 써봐요

3. I want to buy a dishwasher.
나는 / 원한다. / 사기를 / 식기 세척기를

Gram 'want to R'는 'Root(동사원형)하기를 원하다'의 의미로 발음은 'wanna[wάnə]'로 편안하게 사용할 수 있다.

PMP1 I <u>want to</u> get a job.
나는 / 원한다. / 구하기를 / 직업을

PMP2 I <u>want to</u> buy a new car.
나는 / 원한다. / 사기를 / 새 차를

More 보카

full [ful] 가득한	information [infərméiʃən] 정보
frozen [fróuzn] 냉동된	equipment [ikwípmənt] 장비
food [fu:d] 음식	buy [bai] ~을 사다
fill [fil] 가득차다	finish [fíniʃ] ~을 끝내다
apartment [əpάːrtmənt] 아파트	work [wəːrk] 일
new [nuː] 새로운	tonight [tənáit] 오늘밤
unique [juːníːk] 독특한	job [dʒab] 직업
furniture [fə́ːrnitʃər] 가구	car [kaːr] 차

Kitchen Appliances [주방기기]

> **4. Make sure to turn off the gas range when you go out.**
> 확인해라! / 끄는 것을 / 가스레인지를 / 당신이 나갈 때

Idiom ① make sure to R : 반드시 R를 하도록 해라! "R"은 Root의 약자로 동사'원형', 뿌리를 뜻한다. ② turn off ↔ turn on [~을 끄다 ↔ ~을 켜다]

Gram '동사 원형 Make~ '로 시작되는 문장은 명령문이다.

PMP1 Make sure to lock the door when you go out.
반드시 ~해라. / 잠그는 것을 / 문을 / 당신이 나갈 때

PMP2 Make sure to come back home before dark.
반드시 ~해라. / 돌아오는 것을 / 집에 / 어둡기 전에

> **5. I put the chicken soup in the microwave to make it warm.**
> 나는 / 넣었다. / 치킨스프를 / 전자레인지에 / 만들기 위해서 / 그것을 / 따스하게

Gram put 'A' + 장소 전치사구 'B' : A를 B에 놓다. put은 대부분 '장소' 친구를 데리고 다닌다.

PMP1 I put my ring on the table a minute ago.
나는 놓았다. / 나의 반지를 / 식탁위에 / 방금 전에

PMP2 I visited him to ask some questions.
나는 / 방문했다. / 그를 / 물어보기 위해 / 몇 가지 질문들을
▷ S Vt O to R : [목적] ~하기 위하여

Idiom Warm it up! 따뜻하게 그것을 데우세요.

동사 변형	put	put	put	~을 넣어라.
	Root [동사원형]	과거동사	과거분사	

6. Steam rose from the rice cooker a few minutes ago.
김이 / 올라왔다. / 밥솥에서 / 몇 분전에

Gram steam(김, 증기)은 셀 수 없는 명사로 '관사'를 쓰지 않는다.

동사 변형	rise Root [동사원형]	rose 과거동사	risen 과거분사	오르다.

More 보카

make [meik] ~하게 하다, 만들다	soup [suːp] 수프
sure [ʃuər] 확신하는	warm [wɔːrm] 따뜻한
turn off [təːrn ɔːf] ~을 끄다	ring [riŋ] 반지
go out [aut] 나가다	table [téibl] 식탁
lock [lak] ~을 잠그다	visit [vízit] ~을 방문하다
door [dɔːr] 문	some [səm] 약간
come back [kʌm bæk] 돌아오다	question [kwéstʃən] 질문
home [houm] 집	steam [stiːm] 증기
before [bifɔ́ːr] 전에	rise [raiz]-rose [rouz]-risen [rízn] 오르다
dark [daːrk] 어두운	a few [ə fjuː] 어느정도
put [put] ~을 넣다	minute [mínit] 분
chicken [tʃíkən] 닭	ago [əgóu] 전

Kitchen Appliances [주방기기]

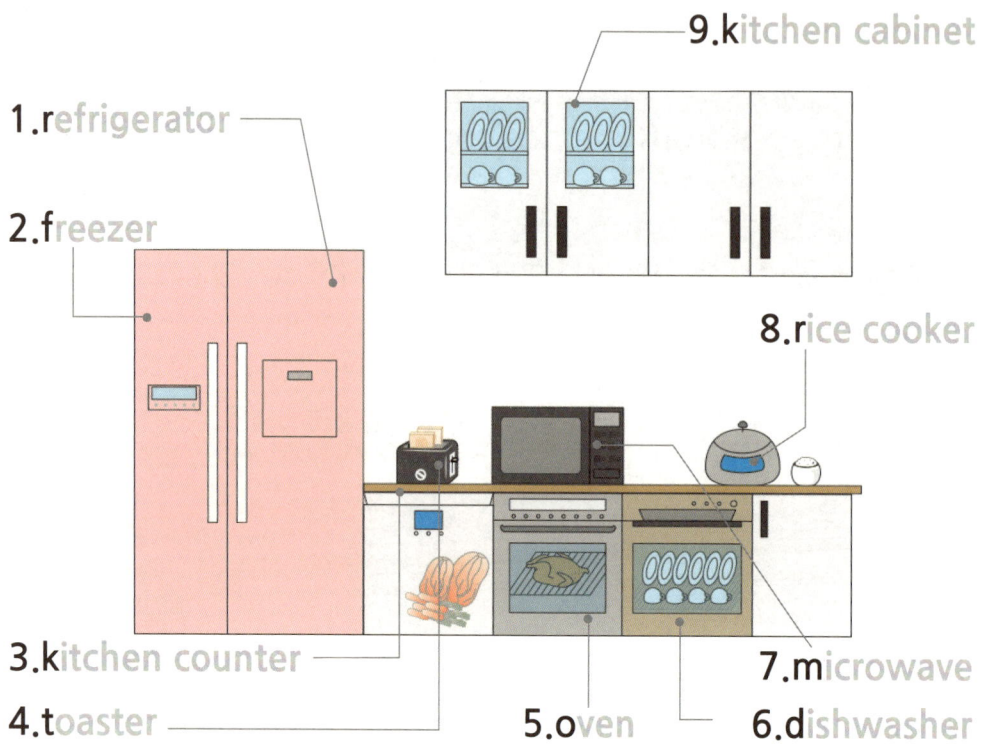

1. refrigerator
2. freezer
3. kitchen counter
4. toaster
5. oven
6. dishwasher
7. microwave
8. rice cooker
9. kitchen cabinet

10. blender
11. gas stove
12. water purifier
13. vacuum (cleaner)
14. ironing board
15. iron
16. washing machine
17. air purifier

눈봐요 더봐요 **섬봐요** 써봐요

1. <u>refrigerator</u>	냉장고	10. b	분쇄기
2. f	냉동실	11. g	가스레인지
3. k	조리대	12. w	정수기
4. t	토스터	13. v	진공청소기
5. o	오븐	14. i	다리미판
6. d	식기세척기	15. i	다리미
7. m	전자레인지	16. w	세탁기
8. r	전기밥솥	17. a	공기청정기
9. k	부엌찬장		

Answer

1. refrigerator 2. freezer 3. kitchen counter 4. toaster 5. oven
6. dishwasher 7. microwave 8. rice cooker 9. kitchen cabinet
10. blender 11. gas stove 12. water purifier 13. vacuum (cleaner)
14. ironing board 15. iron 16. washing machine 17. air purifier

Kitchen Appliances [주방기기]

1. This **freezer** is full of frozen _____.
   이   냉동실은   가득하다.   냉동식품으로

   Answer freezer, food

2. I have to _____ a new _____.
   나는   사야한다.   새로운   청소기를

   Answer buy, vacuum cleaner

3. I _____ to buy a _____.
   나는   원한다.   사기를   식기 세척기를

   Answer want, dishwasher

4. Make sure to _____ the _____ when you go out.
   확인해라!   끄는 것을   가스레인지를   당신이 나갈 때

   Answer turn off, gas range

5. I put the chicken soup in the _____ to make it warm.
   나는 넣었다.   치킨스프를   전자레인지에   만들기 위해서 그것을 따스하게

   Answer microwave

6. _____ rose from the _____ a few minutes ago.
   김이   올라왔다.   밥솥에서   몇 분전에

   Answer Steam, rice cooker

눈봐요　더봐요　셤봐요　**써봐요**

1. 이 냉동실은 / 가득하다. / 냉동식품으로
   freezer　　be+full　　of frozen food

   ✎ This freezer

   Answer This freezer is full of frozen food.

2. 나는 / 사야한다. / 새로운 청소기를
   　　　have to buy　a new vacuum cleaner

   ✎

   Answer I have to buy a new vacuum cleaner.

3. 나는 / 원한다. / 사기를 / 식기 세척기를
   　　　want　　to buy　a dishwasher

   ✎

   Answer I want to buy a dishwasher.

4. 확인해라! / 끄는 것을 / 가스레인지를 / 당신이 나갈 때
   Make sure　to turn off　the gas range　when you go out

   ✎

   Answer Make sure to turn off the gas range when you go out.

5. 나는 / 넣었다. / 치킨스프를 / 전자레인지에 / 만들기 위해서 / 그것을 / 따스하게
   put-**put**-put the chicken soup in the microwave　to make　　　　warm

   ✎

   Answer I put the chicken soup in the microwave to make it warm.

6. 김이 / 올라왔다. / 밥솥에서 / 몇 분전에
   Steam　rise-**rose**-risen　from the rice cooker a few minutes ago

   ✎

   Answer Steam rose from the rice cooker a few minutes ago.

영상에서 만났던
쉴라의 손그림

▶ 영상 'K.Appliances 1'
3분 23초에 만나보세요.

1. toast

Let's make a toast!
I'd like to propose a toast!

'toast'는 얇고 바삭하게 구워진 노릇한 '빵'을 의미한다. 그러한 'toast'가 '건배'의 의미로도 함께 쓰인다. 누군가에게 축하를 하거나, 함께 축배를 들고자 할 때 'toast'란 단어를 꼭 한번 사용해보자! '건배하다'의 동사는 '~을 만들다, ~을 하게 하다'의 'make'와 '~를 제안하다'의 'propose'를 사용할 수 있다.

PMP1 Let's make a **toast** to our success.
~하자. / 건배를 / 우리의 성공을 위해서

PMP2 I'd like to propose a **toast**.
나는 / 하고 싶습니다. / 제안을 / 건배를

Idiom would like to = 'd like to ~ : ~ 하고 싶다.

More Let's [lets] (=let us) ~합시다 make [meik] ~을 만들다, ~을 하게하다
success [səksés] 성공 propose [prəpóuz] ~을 제안하다

2. dishwasher

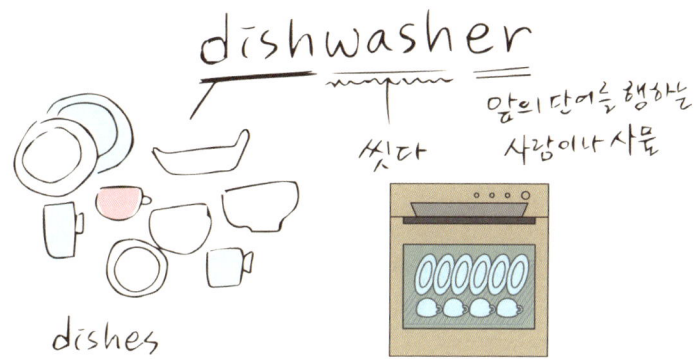

'식기 세척기'를 의미하는 'dishwasher'란 단어를 잘 살펴보자. '접시나 그릇'을 의미하는 'dish'와 '~을 물로 씻다'를 의미하는 'wash'에, 앞의 행위를 하게 만드는 '사람'이나 '사물'을 의미하는 '-er'이 단어 끝에 붙어 '그릇을 씻는 것'을 의미한다.

PMP1 My father bought a **dishwasher** for my mother.
나의 아버지는 / 샀다. / 식기세척기를 / 나의 엄마를 위해

More father [fá:ðər] 아버지 buy [bai]-bought [bɔ:t]-bought [bɔ:t] ~을 사다
mother [mʌðər] 어머니

영상에서 만났던
쉴라의 손그림

영상 'K.Appliances 2'
4분 9초에 만나보세요.

3. purifier

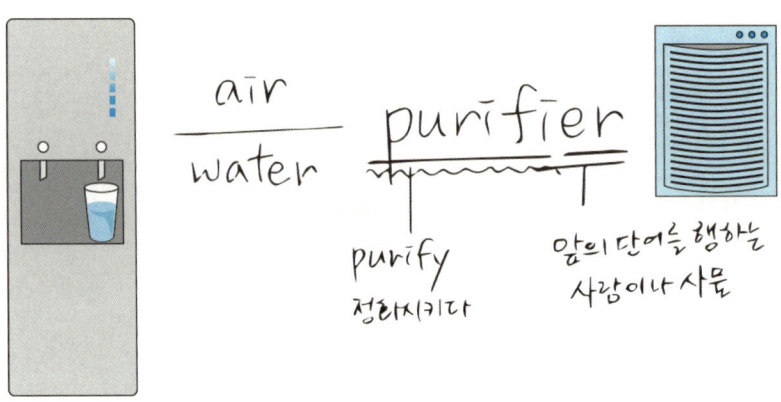

사람의 '영혼'이나 '물과 공기' 등을 '정화하고, 순화하다'의 의미로 'purify'란 단어가 있다. purify에 '-er'을 붙여 '정화를 하게 만드는 사람이나 사물'을 의미할 수 있다. 즉 'purifier'는 정화기로 'air purifier'는 공기청정기를 'water purifier'는 정수기를 의미한다.

PMP1 Do you have an **air purifier** in your office?
당신은 가지고 있나요? / 공기청정기를 / 당신 사무실에

PMP2 This **water purifier** supplies delicious and clean water.
이 정수기는 / 제공한다. / 맛있고 깨끗한 물을

More office [ɔ́:fis] 사무실 supply [səplái] ~을 제공하다 delicious [dilíʃəs] 맛있는
clean [kli:n] 깨끗한 water [wɔ́:tər] 물

Words of Wisdom
속담립스

'**Face**(얼굴)편'에서 tooth(이)라는 단어를 확인하셨죠? 'tooth(이)'의 복수형은 특이하게 'teeth(이들)'이었다는 사실!
"Brush your teeth!(이 닦으세요!)" 앞서 만난 문장도 다시 말해보며 'tooth'를 이용한 재미난 표현 만나볼게요!

2. 나는 단 음식을 사랑한 다구요!
　　　I　have　a sweet **tooth**.
직역 : 나는 / 가지고 있다. / 달콤한 이를
의역 : 나는 설탕이 많이 들어간 단 음식을 너무 좋아한다.
Tip : I love sweet things!의 의미로 단 것을 좋아하는 사람들이 많이 쓸 수 있는 좋은 표현이다.

09

Office Appliances [사무 기기]

laptop
electric blanket
fan
cellphone
phone
telephone
floor lamp
desktop
printer
desk lamp
coffee pot
coffee maker
ceiling
light
light bulb
switch
humidifier
copy machine
heater
space heater
radiator
air conditioner
vent
boiler

9. Office Appliances

Office Appliances [사무기기]

영상 'O.Appliances 1'
길이: 14분 24초

More 보카

1. 컴퓨터는 크게 'desktop'과 'laptop'으로 분류된다. desktop은 '책상(desk) 위'에 얹어놓고 쓰는 컴퓨터를, laptop은 '무릎 위(lap)'에 올려놓고 쓰는 휴대 가능한 노트북(notebook)을 의미한다.
2. 'coffee maker' 이외에 'coffee machine[kɔ́:fi məʃí:n]'도 '커피 기계'를 의미한다. coffee machine과 copy machine(kɑ́pi məʃí:n:복사기)의 발음을 구분 사용하자. coffee는 윗니와 아랫입술 사이로 공기를 뱉으며 'f' 소리를 내고, copy는 양순음으로 두 입술 붙였다 떼며 'p'의 소리를 낸다.
3. 휴대용 전화기를 'cell phone' 또는 'mobile[móubəl]'이라고 한다.

영상 'O.Appliances 2'
길이: 14분 37초

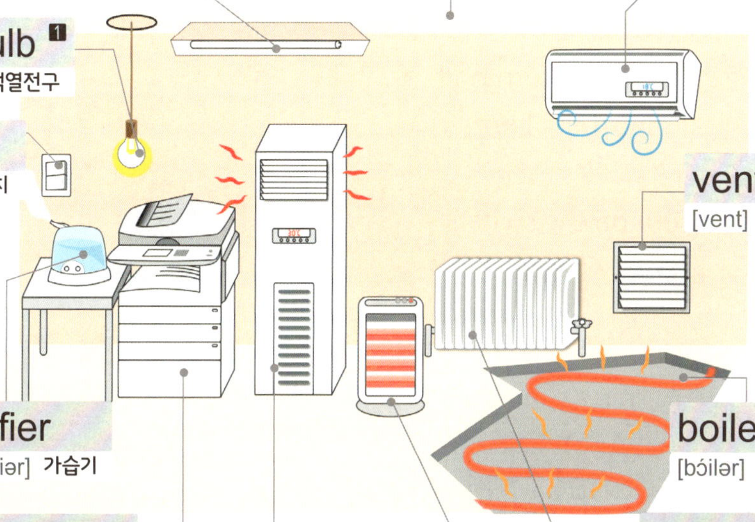

ceiling
[síːliŋ] 천장

light ❶
[lait] 형광등

air conditioner
[ɛər kəndíʃənər] 에어컨

light bulb ❶
[lait bʌlb] 백열전구

switch
[switʃ] 스위치

vent
[vent] 환기구

humidifier
[hjuːmídəfàiər] 가습기

boiler
[bɔ́ilər] 보일러

copy machine
[kápi məʃíːn] 복사기

radiator
[réidièitər] 방열체

heater
[híːtər] 난방기

space heater
[speis híːtər] 실내 난로

More 보카

❶ '형광등'을 표현하는 단어로 'fluorescent[fluərésnt] light'란 단어와, '백열등'을 표현하는 단어로 'incandescent[ìnkəndésnt] light'이 있다. 하지만, 생활표현에서 '형광등'은 '빛, 전등'을 의미하는 'light'로, '백열등'은 동그란 전구를 의미하는 'bulb'와 함께 'light bulb'로 사용한다.

Office Appliances [사무기기]

영상 'O.Appliances 3'
길이: 7분 54초

1. If the room is dry, turn on the humidifier.
만약 방이 건조하면 / 켜라. / 가습기를

- **Gram** If S V ~ : 만약 S가 V라면
- **PMP1** **If you have** a question, please contact me.
  만약 / 당신이 / 가진다면 / 질문을 / 연락하세요. / 나에게
- **Idiom** turn off ↔ turn on [~을 끄다 ↔ ~을 켜다]
- **PMP2** **Turn off** the light.
  끄세요. / 불[전등]을
- **PMP3** **Turn on** the switch.
  켜세요. / 스위치를

2. Excuse me! I'm looking for a fan.
실례합니다! // 나는 / 찾고 있는 중입니다. / 선풍기를

- **Gram** ① be + -ing : 진행형 [주어의 행위가 진행되고 있는 상황 표현]
  ② am / are / is + -ing [현재 진행형] : 현재 '-ing하고 있는 중이다'
  ③ be 동사는 주어의 인칭에 따라 am, are, is로 구분 사용되며, 의미는 '(주어가) ~이다. 있다. 되다'로 쓰인다.
- **Idiom** look for ~ : (물건 등) ~을 찾다.
- **PMP1** Excuse me! I'm **looking for** a black shirt.
  실례합니다! // 나는 / 찾고 있는 중입니다. / 검정색 셔츠를

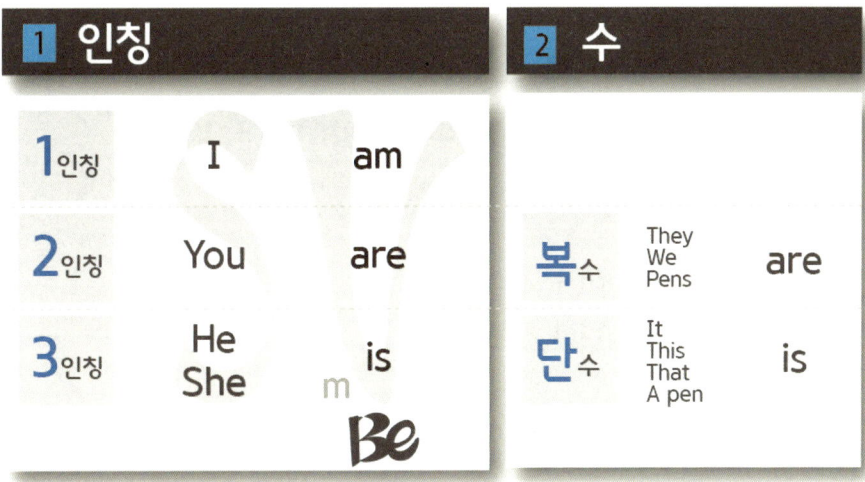

Be동사는 특이한 집안이다. 뿌리(Root)는 'Be' 하나인데, Be동사 아래 자식이 'am, are, is'로 삼형제가 있다. 이들은 '**주어**'의 ① 인칭과 ② 수에 따라 분류 사용된다.

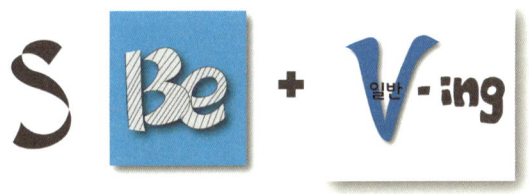

진행형: 주어는 현재 -ing 하는중이다.

More 보카

if [if] 만약 ~라면
room [ru:m] 방
dry [drai] 건조한
turn on [tə:rn ən] ~을 켜다
question [kwéstʃən] 질문
please [pli:z] 제발, 부디
contact [kántækt] 연락하다

light [lait] 불, 등
switch [switʃ] 스위치
excuse me [ikskjú:z mi] 실례합니다
look for [lúk fər] ~을 찾다
black [blæk] 검은
shirt [ʃə:rt] 셔츠

155

Office Appliances [사무기기]

3. You should not use your cellphone here.
당신은 / 사용해서는 안 된다. / 당신의 핸드폰을 / 여기서

Gram [의무] should not + R(동사원형) : 'R~' 해서는 안 된다.
PMP1 You <u>should not</u> tell a lie.
　　　당신은 / 말해서는 안 된다. / 거짓말을
PMP2 You <u>should not</u> drive here.
　　　당신은 / 운전해서는 안 된다. / 여기서

4. The boy is pressing the buttons on the telephone.
그 소년은 / 누르고 있는 중이다. / 버튼들을 / 전화기의

Refer 현재진행형 : 앞의 2번 문장 **Gram** 참고

on, it, at의 차이

on	on the street : 거리에	표면, 면을 표현하는 전치사
in	in the box : 상자 안에	공간을 표현하는 전치사
at	at your place : 당신이 있는 곳	정확한 장소나 시간의 지점을 표현하는 전치사

5. Somebody stole my mobile phone.
누군가가 / 훔쳤다. / 나의 핸드폰을

cell phone = mobile phone (핸드폰)

동사 변형	steal	stole	stolen	~을 훔치다.
	Root [동사원형]	과거동사	과거분사	

156

6. I mainly use my desktop computer when I work.
나는 / 주로 / 사용한다. / 나의 데스크톱 컴퓨터를 / 내가 일할 때

Gram When S V ~ : S가 V할 때

PMP1 **When I take** a shower, I usually listen to music.
나는 샤워할 때 / 나는 주로 듣는다. / 음악을

 laptop computer = notebook (휴대용 컴퓨터)

 desktop computer (탁상용 컴퓨터)

More 보카

should [ʃəd] ~해야 하다	place [pleis] 곳, 장소
use [juːz] ~을 사용하다	somebody [sʌmbàdi] 누군가
tell [tel] ~을 말하다	steal [stiːl]-stole [stoul]-stolen [stóulən] ~을 훔치다
lie [lai] 거짓말	cell phone [sel foun] = mobile phone [móubəl foun] 핸드폰
drive [draiv] 운전하다	mainly [méinli] 주로
here [hiər] 여기	use [juːz] ~을 사용하다
boy [bɔi] 소년	work [wəːrk] 일하다
press [prés] ~을 누르다	take a shower [teik ə ʃáuər] 샤워하다
button [bʌtən] 버튼	usually [júːʒuəli] 주로
street [striːt] 거리	listen [lísn] 듣다
box [baks] 상자	music [mjúːzik] 음악

Office Appliances [사무기기]

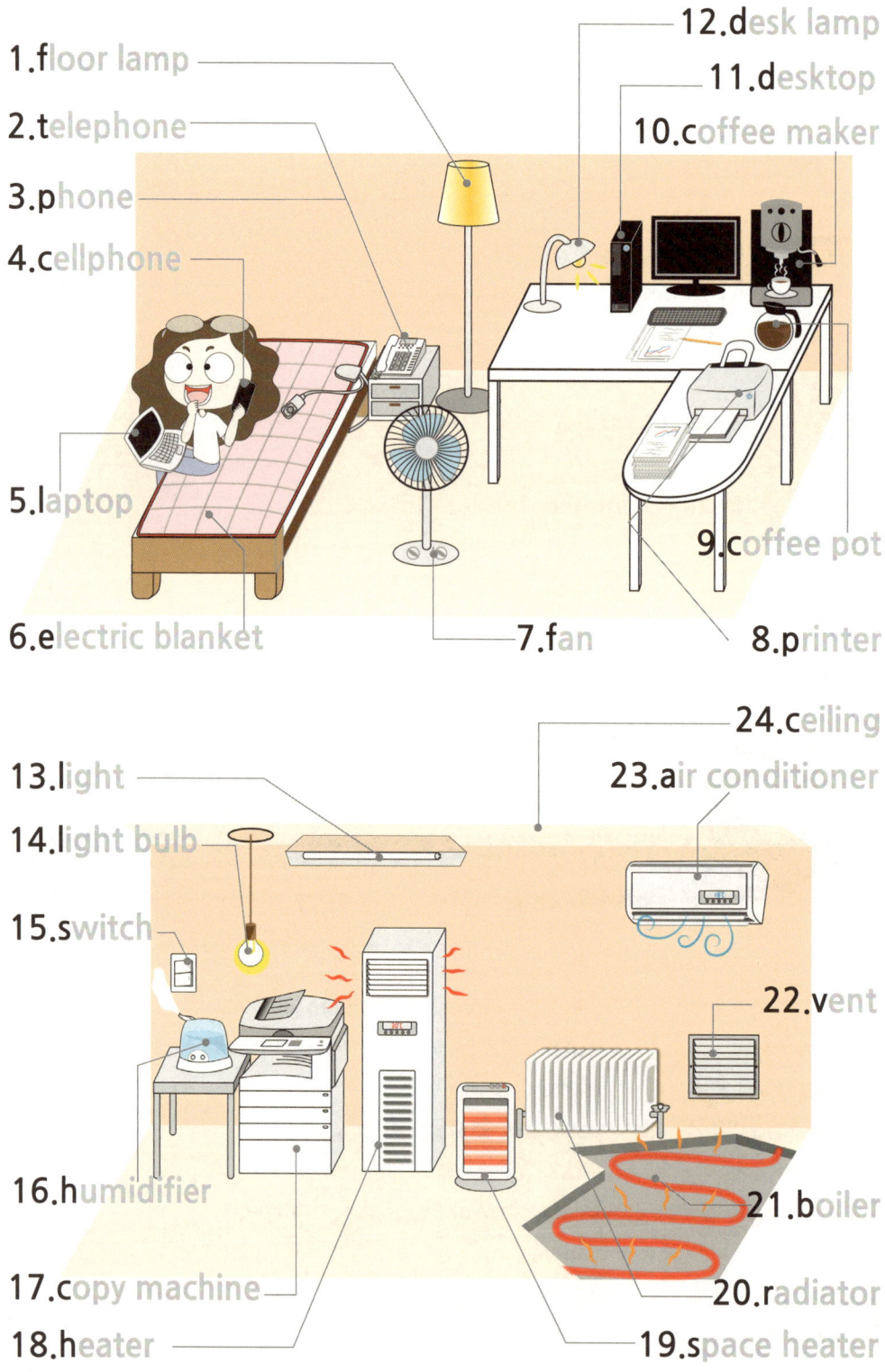

1. floor lamp
2. telephone
3. phone
4. cellphone
5. laptop
6. electric blanket
7. fan
8. printer
9. coffee pot
10. coffee maker
11. desktop
12. desk lamp
13. light
14. light bulb
15. switch
16. humidifier
17. copy machine
18. heater
19. space heater
20. radiator
21. boiler
22. vent
23. air conditioner
24. ceiling

#	English	Korean	#	English	Korean
1	floor lamp	전기스탠드	13	l	형광등
2	t	전화	14	l	백열전구
3	p	전화	15	s	스위치
4	c	휴대전화	16	h	가습기
5	l	노트북	17	c	복사기
6	e	전기담요	18	h	난방기
7	f	선풍기	19	s	실내난로
8	p	프린터	20	r	방열체
9	c	커피주전자	21	b	보일러
10	c	커피메이커	22	v	환기구
11	d	탁상용컴퓨터	23	a	에어컨
12	d	탁상용스탠드	24	c	천장

Answer

1. floor lamp 2. telephone 3. phone 4. cellphone 5. laptop
6. electric blanket 7. fan 8. printer 9. coffee pot 10. coffee maker
11. desktop 12. desk lamp 13. light 14. light bulb 15. switch
16. humidifier 17. copy machine 18. heater 19. space heater
20. radiator 21. boiler 22. vent 23. air conditioner 24. ceiling

Office Appliances [사무기기]

1. If the `room` is dry, turn on the _____.
   만약   방이   건조하면   켜라.   가습기를

   Answer room, humidifier

2. _____ me! I'm looking for a _____.
   실례합니다!   나는 찾고 있는 중입니다.   선풍기를

   Answer Excuse, fan

3. _____ should not use your _____ here.
   당신은   사용해서는 안 된다.   당신의 핸드폰을   여기서

   Answer You, cellphone

4. The _____ is pressing the buttons on the _____.
   그 소년은   누르고 있는 중이다.   버튼들을   전화기의

   Answer boy, telephone

5. _____ stole my _____.
   누군가가   훔쳤다. 나의   핸드폰을

   Answer Somebody, mobile phone

6. I mainly _____ my _____ when I work.
   나는 주로   사용한다. 나의   데스크톱 컴퓨터를   내가 일할 때

   Answer use, desktop computer

1. 만약 방이 건조하면 / 켜라. / 가습기를
   If   dry   turn on   the humidifier

   ✏️ If the room

   Answer If the room is dry, turn on the humidifier.

2. 실례합니다! // 나는 / 찾고 있는 중입니다. / 선풍기를
   Excuse me   be+looking for   a fan

   ✏️

   Answer Excuse me! I'm looking for a fan.

3. 당신은 / 사용해서는 안 된다. / 당신의 핸드폰을 / 여기서
         should not use   cellphone   here

   ✏️

   Answer You should not use your cellphone here.

4. 그 소년은 / 누르고 있는 중이다. / 버튼들을 / 전화기의
   boy   be+pressing   the buttons on the telephone

   ✏️

   Answer The boy is pressing the buttons on the telephone.

5. 누군가가 / 훔쳤다. / 나의 핸드폰을
   Somebody   steel-**stole**-stolen   mobile phone

   ✏️

   Answer Somebody stole my mobile phone.

6. 나는 / 주로 / 사용한다. / 나의 데스크톱 컴퓨터를 / 내가 일할 때
         mainly use   desktop computer   when I work

   ✏️

   Answer I mainly use my desktop computer when I work.

161

영상에서 만났던
쉴라의 손그림

1. coffee pot

▶ 영상 'O.Appliances 1'
10분 42초에 만나보세요.

coffee pot

coffee maker

'pot'은 '냄비, 솥, 용기'를 의미하는 단어로 앞서 여러 번 만났다. 우리가 잘 알고 있는 커피포트(coffee pot)는 커피를 끓이거나, 넣어두는 용기를 의미한다. 우리에게 익숙한 커피메이커(coffee maker)는 커피를 끓이는 작은 기계이고, coffee machine은 coffee shop에서 많이 볼 수 있는 사이즈가 큰 기계를 의미하거나, 돈을 넣고 뽑아 먹는 자판기 등도 의미한다.

PMP1 Turn on the **coffee maker**.
　　　(전원을) 켜라. / 커피메이커의

PMP2 Let's have a **coffee break**.
　　　~ 가집시다. / 커피 휴식을

More　turn on [təːrn ən] ~을 켜다　Let's [lets] (=let us) ~합시다
　　　　coffee break [kɔ́ːfi breik] 커피 휴식

▶ 영상 'O.Appliances 1'
1분 54초에 만나보세요.

2. laptop

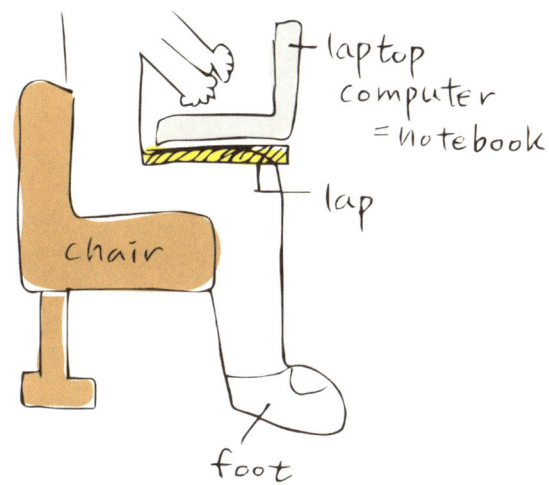

'lap'은 의자에 앉았을 때 생기는 '무릎 위 부분'을 의미한다. 'top'은 무언가의 '꼭대기, 맨 위'를 의미하는 단어로 'laptop'은 '무릎위에 놓는' 컴퓨터를 의미한다. 컴퓨터는 크게 두 가지로 나뉠 수 있다. 가지고 다니는 소형 컴퓨터인 'laptop computer'와 책상 위에 두는 'desktop computer'가 있다. 'laptop'은 구식 표현에 가깝고, laptop의 기능을 높인 'notebook(노트북)'이 요즘 사용되는 '소형 컴퓨터, 휴대용 컴퓨터'를 의미한다. 사실 notebook의 원래 의미는 '공책'이다.

PMP1 I'm not used to using a **laptop** computer.
나는 익숙하지 않다. / 사용하는 것에 / 소형 컴퓨터를

Idiom be used to - ing : -ing하는 것에 익숙하다.

More use [juːz] ~을 사용하다

영상에서 만났던
쉴라의 손그림

3. light bulb

▶ 영상 'O.Appliances 2'
5분 54초에 만나보세요.

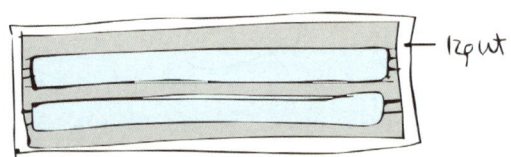

'불(light)'의 종류에는 일반적으로 백열등과 형광등이 있다. '백열등'은 동그란 모양의 은은한 노란빛을 가진 등으로 'light bulb'라고 한다. '형광등'은 일반적으로 방 천장에 달린 등으로 'light'이라고 쓰면 된다.
사실 형광등은 'fluorescent[fluərésnt] light', 백열등은 'incandescent[inkəndésnt] light'이라 하지만, 간단하게 백열등은 'light bulb'로 형광등은 'light'으로 사용한다.

PMP1 Time to sleep. Turn off the **light**.
시간입니다./ 잠 잘 // 끄세요. / 불을

PMP2 The **light bulb** in the bathroom is burned out.
백열전구가 / 욕실에 있는 / (불이) 나갔다.

Idiom be burned out : 소진되다. 다 타다.

More time [taim] 시간 sleep [sli:p] 자다 turn off [tə:rn ɔ:f] ~을 끄다 burn [bə:rn] 타다

Words of Wisdom
속담립스

'**Furniture**(가구)편'에서 wall(벽)이라는 단어를 확인하셨죠? 'seawall'의 두가지 의미도 확인하셨답니다. 첫 번째, '방파제'를 의미하기도 하고, 두 번째 쓰나미(tsunami)처럼 큰 파도를 '바다벽'에 비유하여 'seawall'이라고도 했었죠? 이번에는 wall을 이용한 속담 만나볼게요!

3. 낮말은 새가 듣고 밤말은 쥐가 듣는다.
          <u>The **walls** have ears</u>.
직역 : 벽들도 / 가지고 있다. / 귀들을
의역 : 누군가 들을지 모르니 조심하자.
Tip : 언제 어디서나 누군가 우리가 하는 말을 듣고 있을지 모르니
     '말을 조심하자'는 의미를 가진 속담이다.

10
Bathroom Things [욕실 용품]

towel rack
washcloth
shower head
hand towel
bath towel
beach towel
faucet
shower curtain rod
shower sponge
medicine cabinet
bathtub
bathroom counter
soap
bodywash
shower curtain
toilet paper
bathroom sink
toilet lid
shampoo
toothbrush
toilet seat
toilet
toothpaste
conditioner
treatment

10. Bathroom Things

Bathroom Things [욕실용품]

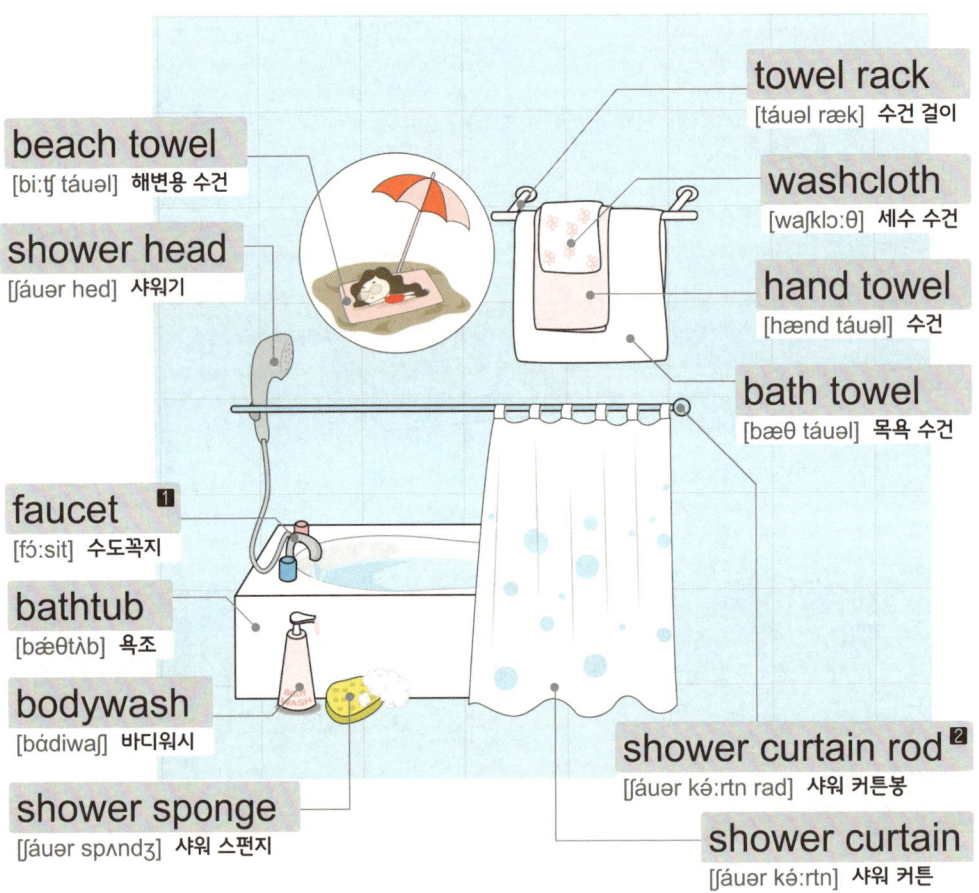

More 보카

[1] 수도꼭지는 'faucet'과 'tap[tæp]'이란 단어를 사용할 수 있다.
  'turn on the faucet(or tap)': 수돗물을 틀다 / 'turn off the faucet(or tap)': 수돗물을 잠그다.
[2] 'rod'는 긴 '막대기'를 의미하여, 낚싯대를 'fishing rod[fíʃiŋ rad]'라 표현한다.

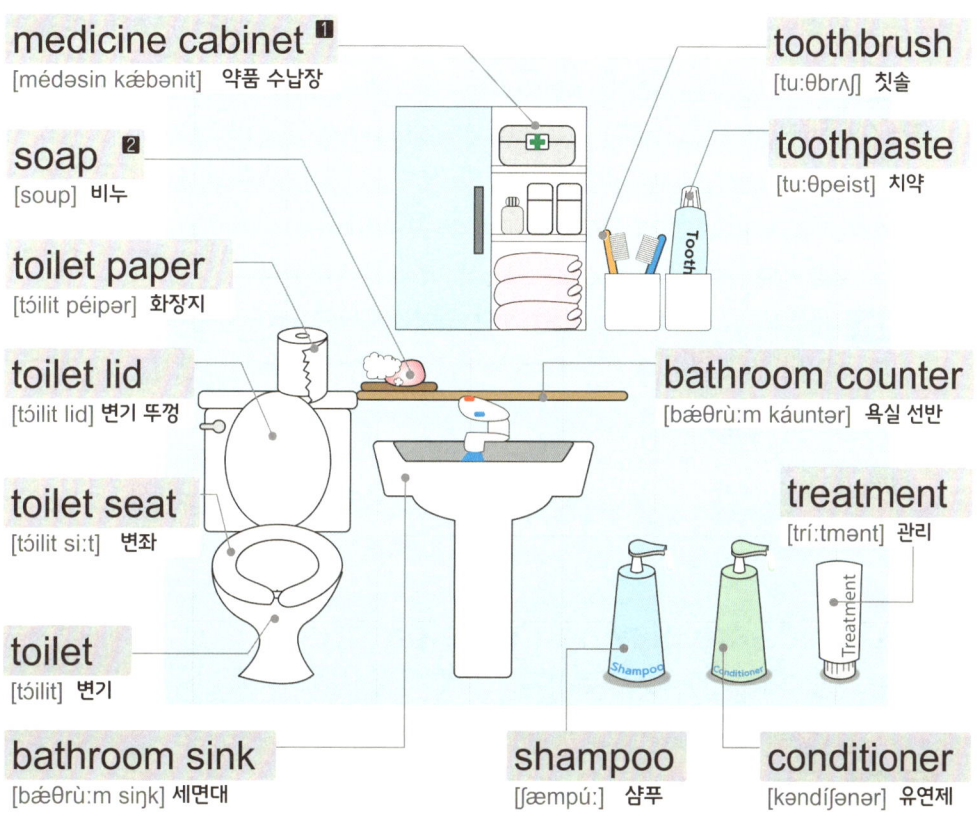

More 보카

1. 'cabinet'은 무언가를 '보관'하거나 '장식'하는 보관함으로 'kitchen cabinet(부엌찬장)', 'file cabinet(서류보관함)', 'medicine cabinet(약품수납장)'으로 사용된다.
2. 'soap opera[ápərə]'는 '연속극'을 의미한다. 빨래비누를 가장 많이 사용하는 주부들을 대상으로 만들어진 연속극들을 비누회사에서 스폰하여, TV연속극을 'soap opera'라고 한다.

Bathroom Things [욕실용품]

영상 'Bathroom T. 3'
길이: 7분 57초

1. The towel in the restroom fell off the towel rack.
그 수건은 / 화장실에 있는 / 떨어졌다. / 수건걸이에서

Gram 전치사구는 '형용사' 역할도 하기에 앞에 나온 '명사'를 수식할 수 있다.
PMP1 The people [in the church] are praying.
그 사람들 [교회 안에 있는]은 / 기도중이다.
PMP2 That girl [in the store] is my girlfriend.
저 소녀 [가게 안에 있는]는 / 나의 여자 친구이다.
Gram 문장의 'fall off'에서 off는 '(시, 공간)에서의 멀어짐, 분리, 이탈의 의미'를 표현한다.

동사 변형	fall	fell	fallen	떨어지다.
	Root [동사원형]	과거동사	과거분사	

2. My kids are playing in the bathtub.
나의 아이들은 / 노는 중이다. / 욕조 안에서

Gram ① be + -ing : 진행형 [주어의 행위가 진행되고 있는 상황 표현]
② am / are / is + -ing [현재 진행형] : 현재 '-ing하고 있는 중이다'
③ be 동사는 주어의 인칭에 따라 am, are, is로 구분 사용되며, 의미는 '(주어가) ~이다. 있다. 되다'로 쓰인다.

눈봐요 **더봐요** 셈봐요 써봐요

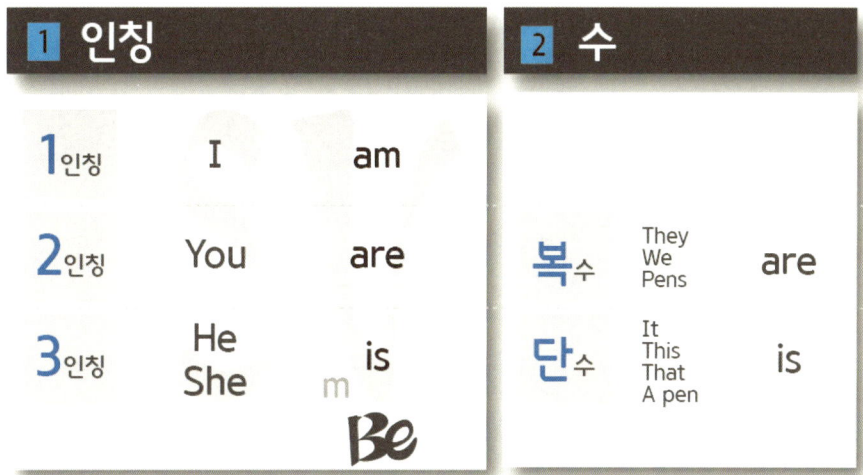

Be동사는 특이한 집안이다. 뿌리(Root)는 'Be' 하나인데, Be동사 아래 자식이 'am, are, is' 로 삼형제가 있다. 이들은 '**주어**'의 ① 인칭과 ② 수에 따라 분류 사용된다.

3. The bathroom sink is leaking again.
   그 세면대는 /   새고 있다. / 다시

 **More 보카**

restroom [restruːm] 화장실	store [stɔːr] 가게
fall [fɔːl]-fell [fel]-fallen [fɔ́ːlən] 떨어지다	girlfriend [gəːrlfrend] 여자 친구
people [píːpl] 사람들	kid [kid] 아이
church [tʃəːrtʃ] 교회	play [plei] 놀다
pray [prei] 기도하다	leak [liːk] 새다
girl [gəːrl] 소녀	again [əgéin] 다시

Bathroom Things [욕실용품]

4. I squeezed toothpaste onto my son's toothbrush.
나는 / 짰다. / 치약을 / 나의 아들의 칫솔위에

- **Idiom** a tube of toothpaste : 치약 한 통
- **Gram** ① tooth [단수] → teeth [복수]
  ② onto N : '~방향의 위쪽에'의 의미를 가진 방향 전치사구

동사 변형	squeeze	squeezed	squeezed	~을 짜다.
	Root [동사원형]	과거동사	과거분사	

5. You must use a shower curtain to keep the water in the bathtub.
당신은 / 반드시 사용해야한다. / 샤워커튼을 / 유지하기 위해 / 물을 / 욕조 안에

- **Gram** ① [강한 의무] must + R(동사원형) : 반드시 'R~' 해야 한다.
  ② [목적] S Vt O to R : ~하기 위하여
- **PMP1** You must stay here with me.
  당신은 / 반드시 / 머물러야한다. / 여기에 / 나와 함께
- **PMP2** You must do your homework.
  당신은 / 반드시 / 해야 한다. / 당신의 숙제를

172

6. I only use this body wash. 나는 / 오직 / 사용한다. / 이 바디워시만
It's even gentle enough for babies.
그것은 / 심지어 / 순하다. 충분히 / 아기들에게

Gram enough의 위치 : ① 형용사 / 부사 + enough
　　　　　　　　　② enough + 명사

PMP1 He is <u>rich</u> + <u>enough</u>. : 그는 / 충분히 / 부자다.
　　　　　[형용사] + enough

PMP2 We still have <u>enough</u> + <u>time</u>. : 우리는 / 아직 가지고 있다. / 충분한 시간을
　　　　　enough + [명사]

More 보카

squeeze [skwiːz] ~을 짜다	do [du] ~을 하다
onto [ántə] 위에	homework [hóumwəːrk] 숙제
son [sʌn] 아들	only [óunli] 오직
tube [tjuːb] 튜브, 통	even [íːvən] 심지어
tooth [tuːθ] 이	gentle [dʒéntl] 순한
teeth [tiːθ] 이들	enough [inʌ́f] 충분히
must [məst] 반드시 ~하다	baby [béibi] 아기
use [juːz] ~을 사용하다	rich [ritʃ] 부유한
keep [kiːp] ~을 유지하다	still [stil] 아직도
water [wɔ́ːtər] 물	have [həv] ~을 가지다, ~을 먹다
stay [stei] 머무르다	time [taim] 시간
with [wəð] 함께	

Bathroom Things [욕실용품]

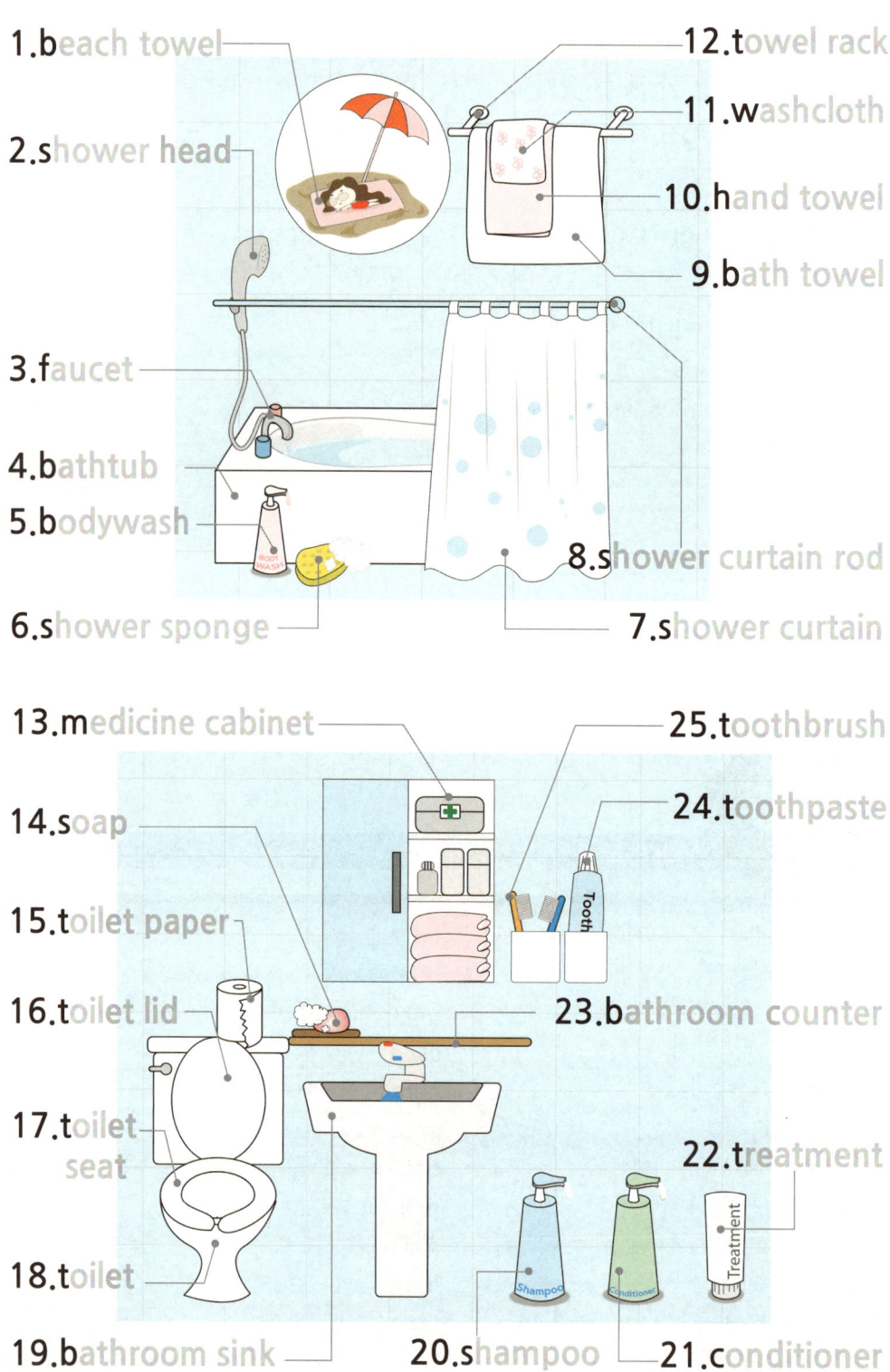

1. beach towel
2. shower head
3. faucet
4. bathtub
5. bodywash
6. shower sponge
7. shower curtain
8. shower curtain rod
9. bath towel
10. hand towel
11. washcloth
12. towel rack
13. medicine cabinet
14. soap
15. toilet paper
16. toilet lid
17. toilet seat
18. toilet
19. bathroom sink
20. shampoo
21. conditioner
22. treatment
23. bathroom counter
24. toothpaste
25. toothbrush

눈봐요 더봐요 **섬봐요** 써봐요

1. beach towel	해변용수건	14. s	비누
2. s	샤워기	15. t	화장지
3. f	수도꼭지	16. t	변기뚜껑
4. b	욕조	17. t	변좌
5. b	바디워시	18. t	변기
6. s	샤워스펀지	19. b	세면대
7. s	샤워커튼	20. s	샴푸
8. s	샤워커튼봉	21. c	유연제
9. b	목욕수건	22. t	관리
10. h	수건	23. b	욕실선반
11. w	세수수건	24. t	치약
12. t	수건걸이	25. t	칫솔
13. m	약품수납장		

Answer

1. beach towel 2. shower head 3. faucet 4. bathtub 5. bodywash
6. shower sponge 7. shower curtain 8. shower curtain rod 9. bath towel
10. hand towel 11. washcloth 12. towel rack 13. medicine cabinet
14. soap 15. toilet paper 16. toilet lid 17. toilet seat 18. toilet
19. bathroom sink 20. shampoo 21. conditioner 22. treatment
23. bathroom counter 24. toothpaste 25. toothbrush

Bathroom Things [욕실용품]

1. The towel   in the restroom fell off the _____.
   그   수건은   화장실에 있는   떨어졌다. 수건걸이에서

   Answer towel, towel rack

2. My _____ are playing in the _____.
   나의 아이들은   노는 중이다.   욕조 안에서

   Answer kids, bathtub

3. The _____ is leaking _____.
   그   세면대는   새고 있다.   다시

   Answer bathroom sink, again

4. I squeezed _____ onto my son's _____.
   나는 짰다.   치약을   나의 아들의   칫솔위에

   Answer toothpaste, toothbrush

5. You must use a _____ to keep the water in the bathtub.
   당신은 반드시 사용해야한다. 샤워커튼을   유지하기 위해 물을   욕조 안에

   Answer shower curtain

6. I only use this _____. It's even gentle enough for babies.
   나는 오직 사용한다. 이 바디워시만   그것은 심지어 순하다. 충분히   아기들에게

   Answer body wash

눈봐요 더봐요 섬봐요 **써봐요**

1. 그 수건은 / 화장실에 있는 / 떨어졌다. / 수건걸이에서
　　towel　　in the restroom　　fall-**fell**-fallen off　　the towel rack

✎ The towel _____

　　　　　　　　　Answer The towel in the restroom fell off the towel rack.

2. 나의 아이들은 / 노는 중이다. / 욕조 안에서
　　kids　　be+playing　　in the bathtub

✎ _____

　　　　　　　　　Answer My kids are playing in the bathtub.

3. 그 세면대는 / 새고 있다. / 다시
　　bathroom sink　be+leaking　again

✎ _____

　　　　　　　　　Answer The bathroom sink is leaking again.

4. 나는 / 짰다. / 치약을 / 나의 아들의 칫솔위에
　　squeeze-**squeezed**-squeezed toothpaste　onto my son's toothbrush

✎ _____

　　　　　　　　　Answer I squeezed toothpaste onto my son's toothbrush.

5. 당신은 / 반드시 사용해야한다. / 샤워커튼을 / 유지하기 위해 / 물을 / 욕조 안에
　　must use　　a shower curtain to keep　　in the bathtub

✎ _____

　　　　　　　　　Answer You must use a shower curtain to keep the water in the bathtub.

6. 나는 / 오직 / 사용한다. / 이 바디워시만 // 그것은 / 심지어 / 순하다. / 충분히 / 아기들에게
　　only　use　body wash　　even　gentle　enough　for babies

✎ _____

　　　　　　　　　Answer I only use this body wash. It's even gentle enough for babies.

영상에서 만났던
쉴라의 손그림

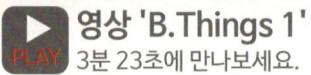 영상 'B.Things 1'
3분 23초에 만나보세요.

1. toothbrush

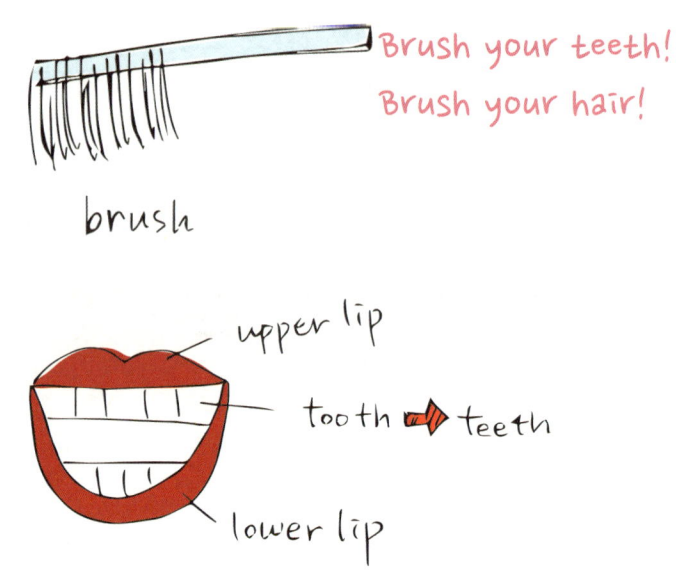

'tooth'는 '이'를 의미하고, 'brush'는 '솔'을 의미한다. 따라서 이를 닦는 칫솔을 'toothbrush'라 한다. '머리를 빗다'나 '양치를 하다'라는 행위를 표현하는 동사역시 'brush'를 사용한다. tooth의 복수형태는 tooths가 아닌, 'teeth'로 특이한 변형을 가진다. 이렇게 단어의 철자 사이에 'oo'가 있는 친구들의 복수형태는 'ee'로 바뀐다. 다른 예로 foot(/fut/ 발)은 feet(/fi:t/ 발들)으로, goose(/gu:s/ 거위)는 geese(/gi:s/ 거위들)로 특이한 복수형태를 지닌다.

PMP1 Brush your **teeth** before you go to bed.
양치해라. / 당신의 이들을 / 당신이 잠자러 가기 전에

PMP2 Can you get me a **toothbrush**?
당신은 / 사다 줄 수 있습니까? / 내게 / 칫솔을

Idiom Can you get me ~ ? : ~ 좀 나에게 사다줄래요?

More brush [brʌʃ] ~을 닦다　before [bifɔ́:r] 전　go [gou] 가다　can [kən] ~할 수 있다
get [get] ~을 얻다

2. toothpaste

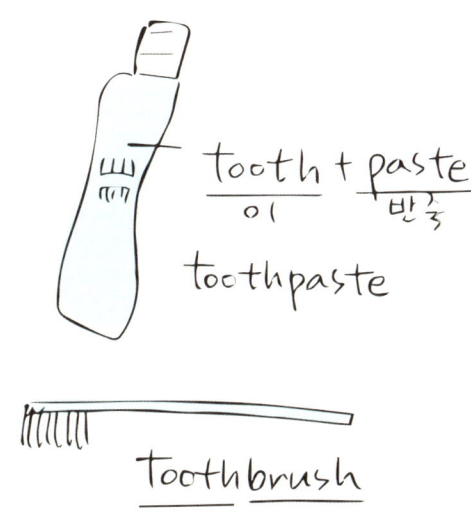

'paste[peist]'는 '반죽, 풀' 따위의 것들을 모두 의미한다. 따라서 앞서 배운 tooth(이)에 반죽의 의미를 가진 paste를 붙여서 'toothpaste'는 '치약'을 의미한다.

PMP1 We need to buy **toothpaste** and soap.
우리는 / 사야한다. / 치약과 / 비누를

Idiom need to ~ : ~ 해야 한다.~ 필요로 하다.

More need [ni:d] ~해야 한다 buy [bai] ~을 사다

영상에서 만났던
쉴라의 손그림

▶ 영상 'B.Things 1'
3분 23초에 만나보세요.

3. lid

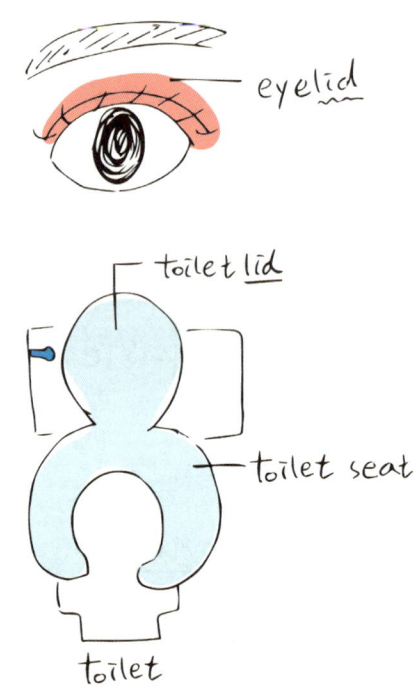

'lid'는 '뚜껑'을 의미하는 단어로 다른 단어들과 함께 자주 등장한다. 사람의 '눈'을 의미하는 'eye'와 'lid'가 만나면 'eyelid'로 '눈꺼풀'을 의미한다. 눈은 두 짝이므로 'eyelids' 복수형태로 주로 사용되고, 화장실 변기 뚜껑도 '변기'를 의미하는 'toilet'과 'lid'가 만나 'toilet lid'라 표현 할 수 있다.

PMP1 Where is the **lid** for this pan?
어디 있나요? / 뚜껑이 / 이 냄비를 위한

More where [wɛər] 어디 lid [lid] 뚜껑 pan [pæn] (손잡이가 달린 얕은) 냄비

Words of Wisdom
속담립스

'House(집)편'에서 rock(바위)을 공부하며 강의에서 함께 만나본 단어, 'stone(돌)'이랍니다! rock과 stone 둘 다 '돌'로 같이 쓰이지만, 일반적으로 rock은 자연에 있는 '커다란 바위'를 뜻하며, stone은 손으로 집어들 수 있는 '작은 사이즈의 돌'을 의미합니다. 이번에는 'stone'을 이용한 속담 만나볼게요!

4. 일석이조

<u>Kill two birds with one **stone**</u>.

직역 : 죽여라 / 두 마리 새들을 / 하나의 돌로
의역 : 하나의 돌을 던져 두 마리의 새를 잡는다.
Tip : 한 번의 행동으로 '동시에' 두 가지 이득을 보는 것을 의미하는 속담이다.

Useful Expressions
Appendix

Body

I usually go there on foot.
나는 / 주로 / 간다. / 거기에 / 걸어서

Cry on my shoulder!
울어요! / 내 어깨에 기대어

I have a stomachache.
나는 / 가지고 있다. / 배 통증을 [= 배가 아프다]

She hit her knee on the corner of the desk.
그녀는 / 찧었다. / 그녀의 무릎을 / 모서리에 / 책상의

He has a small scar on his forehead.
그는 / 가지고 있다. / 작은 흉터를 / 그의 이마에

I shook hands with the actor.
나는 / 악수했다. / 그 배우와

Face

She has long dark hair and wears glasses.
그녀는 / 가지고 있다. / 길고 검은 머리를 / 그리고 / 쓴다. / 안경을

I have a runny nose.
나는 / 가지고 있다. / 콧물을 [= 콧물이 난다.]

My younger brother has a square jaw.
나의 남동생은 / 가지고 있다. / 사각턱을

You have a beautiful dimple!
당신은 / 가지고 있다! / 아름다운 보조개를

Last night, he broke his nose in the fight.
지난밤에 / 그는 / 부러뜨렸다. / 그의 코를 / 싸움에서 [= 코가 부러졌다.]

My older sister has no wrinkles. I envy her.
나의 언니는 / 가지고 있지 않다. / 주름들을 // 나는 부럽다. 그녀가

Useful Expressions
Appendix

Hands & Feet

I brush my teeth three times a day.
나는 / 양치한다. / 나의 이들을 / 세 번 / 하루에

Stop biting your nails.
그만해라. / 뜯는 것을 / 당신의 손톱들을

Bob wrote her phone number on his palm.
Bob은 / 적었다. / 그녀의 전화번호를 / 그의 손바닥에

He broke the mirror with his fist.
그는 / 깼다. / 그 거울을 / 그의 주먹으로

My lips are sealed!
나의 입술은 / 밀봉되어져있다! [= 절대 말 안할게!, 입 꼭 다물고 있을게!]

He has some problems with his muscle.
그는 / 가지고 있다. / 약간의 문제들을 / 그의 근육에

House

We built a fence around the yard this afternoon.
우리는 / 세웠다. / 울타리를 / 마당 주위에 / 오늘 오후에

The repairman is working on the roof.
그 수리공은 / 일하는 중이다. / 지붕 위에서

People are resting on the grass in the park.
사람들은 / 쉬고 있는 중이다. / 잔디에 / 공원에 (있는)

The famous house was built of brick.
그 유명한 집은 / 지어졌다. / 벽돌로

There are some fish in the pond.
~있다. / 몇 마리의 물고기들이 / 연못에

The garbage can behind the fence is full of dirty old clothes.
그 쓰레기통은 / 울타리 뒤에 (있는) / 가득하다. 지저분한 오래된 옷들로

Useful Expressions
Appendix

Rooms

There is a fireplace in the dining room.
~있다. / 벽난로가 / 식당에

My wife is cooking in the kitchen.
나의 아내는 / 요리하는 중이다. / 부엌에서

Where are you? ▷ I'm in the basement.
어디에 있나요? 당신은 ▷ 나는 / 있습니다. / 지하에서

My husband is taking a shower in the bathroom.
나의 남편은 / 샤워하는 중이다. / 욕실에서

I slept in the living room last night.
나는 / 잤다. / 거실에서 / 지난밤에

She is in the dining room downstairs.
그녀는 / 있습니다. / 아래층 식당에

Bedroom Furniture

I always go to bed around midnight.
나는 / 항상 / 잠자러간다. / 자정쯤

It's very cold here. Can I have another blanket, please?
매우 춥다. / 여기는 // 내가 얻을 수 있을까요? / 하나 더 / 담요를

Your blue jeans are in the bottom drawer.
당신의 청바지는 / 있다. / 맨 아래 서랍에

The clock in the living room is 5 minutes fast.
그 시계는 / 거실에 있는 / 5분 빠르다.

I need to arrange my winter clothes in the wardrobe.
나는 / 필요하다. / 정리하는 것이 / 나의 겨울옷들을 / 장롱 안에 있는

There is a bed between the nightstands.
~이 있다. / 침대가 / 침실용 탁자들 사이에

Useful Expressions
Appendix

Living room Furniture

Do you have a coat stand in your room?
당신은 / 가지고 있나요? / 코트걸이를 / 당신의 방에

Put your boots in the shoe closet.
넣어라. / 당신의 부츠들을 / 신발장 안에

I want to buy a new armchair.
나는 / 원한다. / 사기를 / 새 안락의자를

My mother is taking a nap on the couch now.
나의 엄마는 / 낮잠 자는 중이다. / 소파에서 / 지금

The tablecloth was stained with ink.
그 식탁보는 / 물들었다. / 잉크로

My mother is wiping off the coffee table.
나의 엄마는 / 닦고 있는 중이다. / 커피 테이블을

Kitchen Appliances

This freezer is full of frozen food.
이 냉동실은 / 가득하다. / 냉동식품으로

I have to buy a new vacuum cleaner.
나는 / 사야한다. / 새로운 청소기를

I want to buy a dishwasher.
나는 / 원한다. / 사기를 / 식기 세척기를

Make sure to turn off the gas range when you go out.
확인해라! / 끄는 것을 / 가스레인지를 / 당신이 나갈 때

I put the chicken soup in the microwave to make it warm.
나는 / 넣었다. / 치킨스프를 / 전자레인지에 / 만들기 위해서 / 그것을 / 따스하게

Steam rose from the rice cooker a few minutes ago.
김이 / 올라왔다. / 밥솥에서 / 몇 분전에

Useful Expressions
Appendix

Office Appliances

If the room is dry, turn on the humidifier.
만약 방이 건조하면 / 켜라. / 가습기를

Excuse me! I'm looking for a fan.
실례합니다! // 나는 / 찾고 있는 중입니다. / 선풍기를

You should not use your cellphone here.
당신은 / 사용해서는 안 된다. / 당신의 핸드폰을 / 여기서

The boy is pressing the buttons on the telephone.
그 소년은 / 누르고 있는 중이다. / 버튼들을 / 전화기의

Somebody stole my mobile phone.
누군가가 / 훔쳤다. / 나의 핸드폰을

I mainly use my desktop computer when I work.
나는 / 주로 / 사용한다. / 나의 데스크톱 컴퓨터를 / 내가 일할 때

Bathroom Things

The towel in the restroom fell off the towel rack.
그 수건은 / 화장실에 있는 / 떨어졌다. / 수건걸이에서

My kids are playing in the bathtub.
나의 아이들은 / 노는 중이다. / 욕조 안에서

The bathroom sink is leaking again.
그 세면대는 / 새고 있다. / 다시

I squeezed toothpaste onto my son's toothbrush.
나는 / 짰다. / 치약을 / 나의 아들의 칫솔위에

You must use a shower curtain to keep the water in the bathtub.
당신은 / 반드시 사용해야한다. / 샤워커튼을 / 유지하기 위해 / 물을 / 욕조 안에

I only use this body wash. It's even gentle enough for babies.
나는 / 오직 / 사용한다. / 이 바디워시만 그것은 / 심지어 / 순하다. / 충분히 / 아기들에게

More Voca
Dictionary

a **a few** [ə fjuː]
1. (방언) 어느정도; 조금, 약간
2. (비격식) 꽤

a little bit [ə; lítl bit]
1. (구어) 약간

a lot [ə; lɔt]
1. 많이

actor [ǽktər]
명 배우, 남자배우

afternoon [ǽftərnuːn]
명 오후 형 오후의

again [əgéin]
부 다시, 게다가

age [eidʒ]
명 나이, 연령, 시대
자 나이를 먹다 타 늙게 하다

ago [əgóu]
부 전에

air conditioner [ɛər kəndíʃənər]
명 냉난방 장치

air purifier [ɛər pjúərəfàiər]
명 공기정화기

alarm clock [əlάːrm klak]
명 자명종

always [ɔ́ːlweiz]
부 언제나, 항상

and [ənd]
접 그리고 명 덧붙임

ankle [ǽŋkl]
명 발목 자 걷다

another [ənʌ́ðər]
형 또 하나, 다른 대 또 하나[한 사람]

apartment [əpάːrtmənt]
명 아파트

arch [aːrtʃ]
명 오목한 부분 타 ~에 아치를 걸치다
자 아치 모양으로 되다 형 장난기 있는

arm [aːrm]
명 팔, 앞다리, 전투 부대, 무기
타 무장시키다 자 무장하다

armchair [ɑːrmtʃer]
명 안락[팔걸이]의자 형 탁상공론의

armrest [άːrmrèst]
명 팔걸이

around [əráund]
부 주위에, 여기저기에
전 ~주위에, 쯤, 대략

arrange [əréindʒ]
타 ~을 정리하다 자 준비를 하다

ashtray [ǽʃtrei]
명 재떨이

attic [ǽtik]
명 다락(방)

aunt [ænt]
명 이모, 고모, 아주머니

b **baby** [béibi]
명 아기 형 아기용의 타 어린애 취급하다

More Voca
Dictionary

bag [bæg]
- 명 가방 자 불룩해지다
- 타 ~을 부풀리다 감 우선 내가 먼저~한다

balcony [bǽlkəni]
- 명 발코니, 2층 특별석

basement [béismənt]
- 명 지하, 하부 구조, 공중 화장실

bassinet [bæsənét]
- 명 요람, (덮개 달린) 유모차

bath towel [bæθ táuəl]
- 명 목욕 수건

bathroom [bǽθrù:m]
- 명 욕실, 화장실

bathroom counter [bǽθrù:m káuntər]
- 명 욕실 선반

bathroom sink [bǽθrù:m siŋk]
- 명 세면대, 욕실용 싱크대

bathtub [bǽθtʌb]
- 명 욕조, 목욕통

beach towel [bi:tʃ táuəl]
- 명 해변용 수건

beard [biərd]
- 명 턱수염, 대리 타 ~의 턱수염을 움켜잡다

beautiful [bjú:təfəl]
- 형 아름다운, 훌륭한 명 미 감 훌륭해!

bed [bed]
- 명 침대, 취침 시간 타 잠자리를 제공하다
- 자 잠자리에 들다

bedroom [bédrù:m]
- 명 침실 형 성적인

beer belly [biər béli]
- 명 똥배, 올챙이배

before [bifɔ́:r]
- 부 앞에, 이전에 전 ~전에 접 ~보다 전에

behind [biháind]
- 전 ~의 뒤에, 늦어 부 뒤에 형 뒤의 명 등

belly [béli]
- 명 배, 위 타 ~을 부풀리다 자 불룩해지다

belly button [béli bʌtən]
- 명 배꼽

between [bitwí:n]
- 전 사이에 부 중간에

bicycle [báisikl]
- 명 자전거 자 자전거를 타다

big toe [big toʊ]
- 명 엄지발가락

birthday [bə́:rθdèi]
- 명 생일, 창립일

bite [báit]
- 타 ~을 물다 자 물다 명 물기, 한 입

black [blæk]
- 형 검은, 흑인의, 깜깜한 명 검정, 어둠, 흑인
- 타 ~을 검게 하다 자 어두워지다

blanket [blǽŋkit]
- 명 담요 타 ~을 담요로 덮다 형 포괄적인

blender [bléndər]
- 명 혼합기, 혼합하는 사람

More Voca
Dictionary

blind [blaind]
　형 눈먼, 이해하려고 하지 않는　타 눈멀게 하다
　자 무모하게 차를 몰다　명 블라인드　부 무작정

blue jeans [blu: dʒi:nz]
　명 청바지

bodywash [bádiwaʃ]
　명 바디워시

boiler [bɔ́ilər]
　명 보일러, 끓이는 사람[기구]

book [buk]
　명 책, 장부, 대본　타 예약하다　자 체크인 하다

bookcase [bukkeis]
　명 책장, 책꽂이

bookshelf [bukʃelf]
　명 책장

boots [bu:ts]
　명 부츠, 구두닦이

bottom [bátəm]
　명 최저부, 바닥, 기초　타 밑창을 대다
　자 근거를 두다　형 바닥의, 최저의

box [baks]
　명 상자, 선물　타 상자에 넣다　자 권투 하다

boy [bɔi]
　명 소년, 아들　감 아이고, 어머나

brain [brein]
　명 뇌, 지능, 수재　타 정수리를 내리치다

break [breik]
　타 ~을 부러뜨리다, ~을 깨다, 중단하다
　자 깨지다, 고장나다　명 파괴, 중단, 휴식

breakfast [brékfəst]
　명 아침식사　자 아침을 먹다　타 아침을 주다

brick [brik]
　명 벽돌, 블럭, 좋은 사람　형 벽돌의
　타 벽돌을 깔다

bridge [bridʒ]
　명 다리, 연락, 아치 모양　타 다리를 놓다

bring [briŋ]
　타 ~을 가지고 오다, 데려오다, 팔리다

brother [brʌðər]
　명 형, 남동생, 형제　감 뭐라고, 저런

brush [brʌʃ]
　명 솔, 붓질　타 ~을 닦다, 칠하다,~을 스치다
　자 이를 닦다, 머리를 빗질하다

build [bild]
　타 ~을 짓다　자 건물 등을 짓다　명 구조

building [bíldiŋ]
　명 건물, 건축

burn [bə:rn]
　자 타다　타 ~을 불태우다, 소비하다　명 화상

bus [bʌs]
　명 버스　타 버스로 태워주다　자 버스로 가다

butt [bʌt]
　명 밑동, 엉덩이　자 인접하다　타 ~을 접합하다

button [bʌtən]
　명 단추　타 단추를 채우다　자 단추로 채워지다

buy [bai]
　타 ~을 사다, 매수하다　자 물건을 사다
　명 구입, 산[살]물건

More Voca
Dictionary

C **cafe** [kæféi]
　명 카페, 음식점, PC방

calf [kæf]
　명 송아지, 종아리

can [kən]
　조 ~할 수 있다　명 용기　타 통조림하다

car [ka:r]
　명 자동차, 승용차

carpet [ká:rpit]
　명 양탄자, 넓은 평면　타 ~에 양탄자를 깔다

catch [kætʃ]
　타 ~을 잡다, 잡아타다, 발견하다, 병에 걸리다
　자 걸리다　명 잡기, 포획량, 단편

ceiling [sí:liŋ]
　명 천장, 최고 한도　형 최대의

cell phone [sel foun]
　명 핸드폰

chain [tʃein]
　명 쇠사슬, 속박　타 ~을 묶다, 구속하다
　자 쇠사슬을 만들다　형 쇠사슬 같은

chair [tʃɛər]
　명 의자, 교수직, 의장　타 의자에 앉히다

check [tʃek]
　타 ~을 저지하다, 점검하다　자 조사하다
　명 저지, 수표　형 검사용의　감 찬성이오

cheek [tʃi:k]
　명 볼, 뺨　타 ~을 놀리다

chest [tʃest]
　명 가슴, 생각, 큰 상자

chicken [tʃíkən]
　명 닭　형 닭고기가 든

child [tʃaild]
　명 아이, 자식

children [tʃíldrən]
　명 아이들

chimney [tʃímni]
　명 굴뚝, 암벽산의 세로로 갈라진 틈

chin [tʃin]
　명 아래턱　타 턱에 대다　자 턱걸이하다

church [tʃə:rtʃ]
　명 교회, 예배　타 교회에 데려가다

classroom [klǽsrù:m]
　명 교실

clean [kli:n]
　형 깨끗한　부 깨끗이, 완전히　타 깨끗이 하다
　자 깨끗해지다

clock [klak]
　명 시계, 시간　타 시간을 재다, 출근 하다

close [klouz]
　타 닫다, 끝내다　자 닫히다　형 가까운, 친한
　부 가까이에　명 끝

closet [klázit]
　명 벽장　형 사적인, 비밀의　타 틀어박히다

clothes [klouz]
　명 옷, 침구, 세탁물

clothes hanger [klouz hǽŋər]
　명 옷걸이

More Voca
Dictionary

clothes rack [klouz ræk]
  명 (금속봉의)옷걸이

coat stand [kout stænd]
  명 코트 걸이

coffee [kɔ́:fi]
  명 커피 형 커피색의

coffee break [kɔ́:fi breik]
  명 커피 휴식, 휴식 시간

coffee maker [kɔ́:fi méikər]
  명 커피 메이커, 커피 끓이는 기구

coffee pot [kɔ́:fi pɑ̀t]
  명 커피 주전자

coffee table [kɔ́:fi tèibl]
  명 커피 테이블

cold [kould]
  형 추운, 냉담한 명 추위, 감기 부 완전히

come back [kʌm bæk]
  돌아오다, 다시 유행하다

computer [kəmpjú:tər]
  명 컴퓨터, 계산기

conditioner [kəndíʃənər]
  명 유연제, 냉난방 장치

contact [kɑ́ntækt]
  명 접촉, 교제, 연락 타 접촉시키다, 교제하다
  자 접촉하다 형 접촉의

cook [kúk]
  타 ~을 요리하다 자 요리를 만들다 명 요리사

copy machine [kɑ́pi məʃí:n]
  명 복사기

corner [kɔ́:rnər]
  명 구석, 길모퉁이 형 모퉁이에 있는
  타 궁지에 몰아넣다 자 모퉁이를 이루다

cosmetic [kɑzmétik]
  명 화장품 형 겉치레의, 미용의, 화장용의

couch [kautʃ]
  명 소파, 긴 의자 타 나타내다 자 눕다

crib [krib]
  명 유아용 침대, 여물통, 표절
  타 가두다, 커닝하다 자 커닝을 하다

cry [krai]
  자 울다, 소리치다 타 외치다 명 고함, 울음

cup [kʌp]
  명 컵, 한 잔 타 (손을) 오므리다

curly [kə́:rli]
  형 곱슬곱슬한, 동그랗게 말린

curtain [kə́:rtn]
  명 커튼, 막 타 ~에 커튼을 달다

curtain rod [kə́:rtn rad]
  명 커튼봉

d **dark** [da:rk]
  형 어두운, 검은 명 어둠, 암흑, 밤

day [dei]
  명 하루, 낮, 특정한 날

delicious [dilíʃəs]
  형 맛있는, 매우 즐거운, 아름다운

dentist [déntist]
  명 치과의사

More Voca
Dictionary

design [dizáin]
  타 ~을 디자인하다, 계획하다 자 설계를 하다
  명 설계도, 약도, 디자인

desk [desk]
  명 책상, 편집부 형 탁상의

desk lamp [desk læmp]
  명 탁상용 스탠드

desktop [deskta:p]
  명 탁상용 컴퓨터, 탁상 형 탁상용의

difference [dífərəns]
  명 차이, 차액, 다툼 타 ~의 차이를 계산하다

dimple [dímpl]
  명 보조개, 오목한 곳 타 보조개를 만들다
  자 옴폭 들어가다

dining room [dáiniŋ ru:m]
  명 식당

dinner [dínər]
  명 저녁식사, 만찬, 식사

dirty [də́:rti]
  형 더러운, 지저분한 타 ~을 더럽히다
  자 더러워지다 부 비열하게

dishwasher [díʃwɑ̀ʃər]
  명 접시 씻는 기계, 접시 씻는 사람

do [du]
  타 ~을 하다, 베풀다 자 일을 하다 명 행위, 짓

dog [dag]
  명 개 타 뒤를 밟다

door [dɔ:r]
  명 문, 입구, 길

downstairs [dáunstɛ̀ərz]
  부 아래층으로 형 아래층의 명 아래층

drawer [drɔ:r]
  명 서랍, 장롱, 수표 발행인

dress [dres]
  명 옷, 드레스 형 의복의
  타 옷을 입히다, 치료하다 자 옷을 입다

dresser [drésə(r)]
  명 서랍장, 의상 담당자

drink [driŋk]
  타 마시다 자 술을 마시다 명 음료, 술

drive [draiv]
  타 몰다, 운전하다 자 돌진하다
  명 여행, 드라이브, 차도 형 전동의

driveway [dráivwèi]
  명 진입로, 사유 차도

dry [drai]
  형 건조한, 마른, 지루한 타 ~을 말리다
  자 마르다 명 가뭄

dumpster [dʌmstər]
  명 금속제 대형 쓰레기통

dust [dʌst]
  명 먼지, 가루 타 ~에 뿌리다 자 먼지를 털다

e ear [iər]
  명 귀, 청각

earring [íəriŋ]
  명 귀걸이

earth [ə:rθ]
  명 지구, 땅 타 접지하다 자 구멍에 숨다

More Voca
Dictionary

eat [iːt]
- 타 ~을 먹다 자 음식을 먹다 명 음식물

elbow [élbou]
- 명 팔꿈치 타 팔꿈치로 밀다
- 자 밀어젖히고 나아가다

electric blanket [iléktrik blǽŋkit]
- 명 전기 담요

engine [éndʒin]
- 명 엔진, 기관차 타 ~에 엔진을 장치하다

enough [inʌ́f]
- 형 충분한 명 충분한 양 부 충분히

entrance hall [éntrəns hɔːl]
- 명 현관 홀

envy [énvi]
- 명 질투, 선망 타 ~을 부러워하다

equipment [ikwípmənt]
- 명 장비, 준비

even [íːvən]
- 형 평평한 부 훨씬, 심지어
- 타 ~을 평등하게하다 자 평평하게 되다

excuse me [ikskjúːz mi]
- 실례합니다

expensive [ikspénsiv]
- 형 비싼, 손실이 큰, 사치스러운

eye [ai]
- 명 눈, 시력, 눈길 타 쳐다보다, 관찰하다

eyeball [aibɔːl]
- 명 눈알, 안구 타 빤히 지켜보다, 응시하다

eyebrow [áibràu]
- 명 눈썹

eyelash [ailæʃ]
- 명 속눈썹

eyelid [ailid]
- 명 눈꺼풀

factory [fǽktəri]
- 명 공장, 회사

fall [fɔːl]
- 자 떨어지다, 넘어지다, 갑자기 빠지다
- 타 넘어뜨리다 명 낙하, 가을, 폭포 형 가을의

famous [féiməs]
- 형 유명한, 훌륭한

fan [fæn]
- 명 선풍기, 부채 타 부채질 하다 자 흩어지다

fast [fæst]
- 형 빠른 부 단단히, 빨리 자 단식하다 명 단식

father [fáːðər]
- 명 아버지, 신부, 성직자 타 ~의 아버지가 되다

faucet [fɔ́ːsit]
- 명 수도꼭지

feet [fiːt]
- 명 발들

fence [fens]
- 명 울타리, 검술 타 ~에 울타리를 두르다
- 자 펜싱을 하다

fencing [fénsiŋ]
- 명 펜싱, 검술, 울타리

More Voca
Dictionary

fever [fí:vər]
　명 열, 열병　타 ~을 발열시키다

fight [fait]
　명 싸움, 전투　자 싸우다　타 교전하다

fighting [fáitiŋ]
　형 싸우는, 전투적인　명 싸움

file cabinet [fail kǽbənit]
　명 서류 보관함

file(paper) tray [fail(péipər) trei]
　명 서류함

fill [fil]
　타 채우다, 조제하다　자 가득하다　명 충분

find [faind]
　타 발견하다, 찾아내다, 알아차리다
　자 판결을 내리다　명 발견

finger [fíŋgər]
　명 손가락　타 지적하다　자 만지작거리다

fingernail [fíŋgərneil]
　명 손톱

fingerprint [fíŋgərprint]
　명 지문　타 지문을 채취하다

finish [fíniʃ]
　타 ~을 끝내다　자 처리하다　명 끝

fireplace [faiərpleis]
　명 벽난로

first floor [fə:rst flɔ:r]
　명 1층

fish [fiʃ]
　명 물고기　타 낚다, 잡다　자 낚시하다

fishing rod [fíʃiŋ rad]
　명 낚싯대

fist [fist]
　명 주먹　타 쥐다

fitness center [fítnis séntər]
　명 헬스장

fix [fiks]
　타 ~을 고정시키다, 수리하다　자 고정되다
　명 곤경, 파악

floor [flɔ:r]
　명 바닥, 층, 의원　타 ~에 방바닥을 깔다

floor lamp [flɔ:r læmp]
　명 전기 스탠드

flowerpot [fláuərpɑt]
　명 화분

food [fu:d]
　명 음식, 비료

foot [fut]
　명 발, 피트, 걸음　자 걷다　타 걷다

footboard [futbɔ́:rd]
　명 발판, 디딤판

footstep [futstep]
　명 발자국, 걸음걸이, 계단

forehead [fó:rhèd]
　명 이마, 앞면

four [fɔ:r]
　명 4, 넷　형 4의

freckle [frékl]
　명 주근깨, 기미　자 주근깨가 생기다

More Voca
Dictionary

freezer [fríːzər]
　명 냉동고, 냉장고

friend [frend]
　명 친구, 벗, 동료

front [frʌnt]
　명 맨 앞부분, 정면 형 앞 부분의 부 앞면에
　타 ~을 향하다 자 앞장이가 되다

front door [frʌnt dɔːr]
　명 앞문, 합법적 수단 형 온전한

front gate [frʌnt geit]
　명 정문

frozen [fróuzn]
　형 냉동된, 혹한의, 냉담한

full [ful]
　형 가득한, 완전한 부 정확히 타 넉넉하게 하다
　자 [달이] 차다 명 전부, 최고

full-length mirror [ful leŋkθ mírə(r)]
　명 전신 거울

furniture [fəːrnitʃər]
　명 가구, 부속품

g **garage** [gərάːdʒ]
　명 차고, 주유소 타 차고에 넣다

garbage can [gάːrbidʒ kən]
　명 쓰레기통, 구축함

garden [gάːrdn]
　명 정원, 공원 형 뜰 의 자 정원을 가꾸다
　타 [정원을] 갈다

gas stove [gæs stouv]
　명 가스 레인지

geese [giːs]
　명 거위들

gentle [dʒéntl]
　형 순한, 온화한 타 길들이다 명 구더기

get [get]
　타 ~을 얻다, 받다, 배우다 자 도착하다, 닿다
　명 능숙하게 받아치기, (동물의)새끼

gift [gift]
　명 선물, 타고난 재주 타 증정하다

girl [gəːrl]
　명 소녀, 여학생

girlfriend [gəːrlfrend]
　명 여자 친구, 연인

glass [glæs]
　명 유리잔, 유리 형 유리의 타 유리를 넣다

glasses [glǽsiz]
　명 안경

go [gou]
　자 가다, 떠나다, 작동하다, 돌다 타 ~을 참다
　명 기운, 기회 형 준비가 되어

goose [guːs]
　명 거위, 바보 타 ~을 촉진 시키다

grass [græs]
　명 풀, 잔디밭 타 ~을 풀로 덮다
　자 [가축이] 풀을 뜯다

gum [gʌm]
　명 고무, 잇몸, 껌 타 고무를 입히다

h **hair** [hɛər]
　명 머리카락, 털, 섬유

More Voca
Dictionary

hall [hɔ:l]
  명 복도, 집회장, 강당, 로비
hand [hænd]
  명 손, 도움 타 건네주다 형 휴대용의
hand towel [hænd táuəl]
  명 수건
hang [hæŋ]
  타 ~을 걸다 자 걸려 있다 명 매달린 모양
happy [hǽpi]
  형 행복한, 기쁜, 행운의
hate [heit]
  타 ~을 싫어하다, 미워하다 명 강한 혐오
have [həv]
  타 ~을 가지다, ~을 먹다, 걸리다, 낳다
head [hed]
  명 머리, 지도자 형 수석의 타 ~을 이끌다
  자 나아가다, 향하다
headache [hedeik]
  명 두통
headboard [hédbɔ̀:rd]
  명 침대의 머리판
hear [hiər]
  타 ~을 전해 듣다, 경청하다 자 듣다
heart [ha:rt]
  명 심장, 마음, 하트
hearth [ha:rθ]
  명 벽난로 바닥, 화로
heater [hí:tər]
  명 난방기, 난로

heel [hi:l]
  명 뒤꿈치, 발 타 굽을 수선하다
  자 한쪽으로 기울다
here [hiər]
  부 여기에 명 여기
high [hai]
  형 높은, 격심한 부 위로, 높이 명 높은 곳
hip [hip]
  명 엉덩이, 둔부 형 엉덩이에 닿는
  타 엉덩이로 부딪치다
hit [hit]
  타 ~와 부딪히다, 치다, 때리다, 발표되다
  자 공격하다 명 타격, 충격
home [houm]
  명 집, 가정, 고향 형 가정의 부 자기 집으로
  자 집에 돌아오다 타 집으로 돌려보내다
homeless [hóumlis]
  형 집이 없는 명 노숙자
homework [houmwə:rk]
  명 숙제, 과제
hotdog [hátdɔ̀:g]
  명 핫도그, 묘기를 부리는 사람
house [haus]
  명 집, 주택 타 장소를 제공하다 자 피난하다
humidifier [hju:mídəfàiər]
  명 가습기, 습도 조절 장치
hurt [hə:rt]
  타 아픔을 주다 자 고통을 느끼다 명 부상
  형 다친

More Voca
Dictionary

husband [hʌzbənd]
    명 남편 타 ~을 절약하여 쓰다

i
if [if]
    접 만약 ~라면, ~일지라도 명 조건, 가설

in [in]
    전 ~안에, ~중에, ~후에 부 안에

index finger [índeks fíŋgər]
    명 집게손가락

information [ìnfərméiʃən]
    명 정보, 자료, 뉴스

ink [iŋk]
    명 잉크 타 서명하다

invent [invént]
    타 ~을 발명하다, 꾸며대다

iris [áiəris]
    명 홍채, 꽃, 조리개

iron [áiərn]
    명 철, 다리미, 철분 형 철의 타 ~을 다리다

ironing board [áiərniŋ bɔ:rd]
    명 다리미판

j
jacket [dʒǽkit]
    명 자켓

Japan [dʒəpǽn]
    명 일본

jaw [dʒɔ:]
    명 턱,(이를 포함한) 입

job [dʒab]
    명 직업, 일 타 중매하다 자 임시의 일을 하다

jump [dʒʌmp]
    자 뛰다 타 뛰어넘다 명 뛰기, 도약

k
keep [ki:p]
    타 ~을 유지하다, 보존하다 자 머무르다

key [ki:]
    명 열쇠 형 주요한 타 맞추다
    자 열쇠를 잠그다

kid [kid]
    명 아이

kitchen [kítʃən]
    명 부엌, 간이 식당 형 부엌의

kitchen cabinet [kítʃən kǽbənit]
    명 부엌찬장

kitchen counter [kítʃən káuntər]
    명 조리대

knee [ni:]
    명 무릎, 무릎치기 타 무릎으로 치다

l
lap [læp]
    명 앉았을때 생기는 무릎 위, 한 바퀴

laptop [lǽptɑ:p]
    명 노트북, 휴대용 컴퓨터

last [læst]
    형 마지막의, 지난, 최근의 부 맨 끝에

laundry room [lɔ́:ndri ru:m]
    명 세탁실

lawn [lɔ:n]
    명 잔디, 잔디밭

leak [li:k]
    명 새는 곳 자 새다

More Voca
Dictionary

left [left]
  형 왼쪽의 명 왼쪽 부 왼쪽으로

leg [leg]
  명 다리, (여행의) 구간

Let's [lets]
  (=let us) ~합시다

lid [lid]
  명 뚜껑, 눈꺼풀

lie [lai]
  명 거짓말 자 거짓말하다, 눕다

light [lait]
  명 불, 등, 빛 형 밝은 타 점화하다 자 빛나다

light bulb [lait bʌlb]
  명 백열전구

lips [lips]
  명 입술

listen [lísn]
  자 듣다, 귀를 기울이다

little finger [lítl fíŋgər]
  명 새끼손가락

living room [líviŋ ru:m]
  명 거실

lock [lak]
  명 자물쇠 타 ~을 잠그다 자 자물쇠로 잠기다

long [lɔ:ŋ]
  형 긴, 오랜 부 길게, 오랫동안 명 오랜 시간

look [luk]
  자 ~처럼 보이다, 바라보다 타 ~을 살펴보다
  명 외관, 생김새

look for [lúk fər]
  자 ~을 찾다

love [lʌv]
  명 사랑, 애정 타 ~을 사랑하다, 좋아하다

loveseat [lʌvsi:t]
  명 2인용 소파, 러브 시트

lunch [lʌntʃ]
  명 점심, 도시락

m machine [məʃí:n]
  명 기계 타 ~을 기계로 만들다 형 기계적인

mainly [méinli]
  부 주로, 대개는

make [meik]
  타 ~을 만들다, ~을 하게하다, (돈을) 벌다
  자 ~의 상태가 되다 명 종류, 제작

man [mæn]
  명 남자, 사람 타 탑승시키다

many [méni]
  형 많은, 다수의 명 대다수

mattress [mǽtris]
  명 매트리스, 침상

medicine cabinet [médəsin kǽbənit]
  명 약품 수납장

meet [mi:t]
  타 ~을 만나다, 충족하다 자 만나다 명 모임

meeting [mí:tiŋ]
  명 회의, 미팅, 만남

men [men]
  명 남자들

More Voca
Dictionary

microwave [máikrouweiv]
  명 전자레인지, 마이크로파

middle finger [mídl fíŋgər]
  명 중지

midnight [midnait]
  명 자정 형 한밤중의

minute [mínit]
  명 분, 순간 형 미세한

mirror [mírə(r)]
  명 거울, 모범 타 반영하다

miss [mis]
  타 ~을 그리워하다, 놓치다 명 실수, 실패

mobile phone [móubəl foun]
  명 휴대 전화

mole [moul]
  명 점, 사마귀, 두더지, 방파제

moment [móumənt]
  명 때, 순간, 지금, 기회

money [mʌni]
  명 돈, 자금 형 금전의

month [mʌnθ]
  명 달, 개월, 월

mother [mʌðər]
  명 어머니 형 모국의

mountain [máuntən]
  명 산 형 산에 사는, 거대한

mouth [mauθ]
  명 입, 말, 출입구 타 말하다

movie [múːvi]
  명 영화

muscle [mʌsl]
  명 근육, 힘

music [mjúːzik]
  명 음악, 노래

must [məst]
  조 반드시 ~하다, ~임에 틀림없다, ~일 것이다

mustache [mʌstæʃ]
  명 콧수염

my [mai]
  대 나의

n **neck** [nek]
  명 목 타 목을 껴안다

need [niːd]
  타 ~해야 한다, 필요하다 명 필요, 요구

new [nuː]
  형 새로운 부 최근에

nice [nais]
  형 좋은, 훌륭한, 반가운

night [nait]
  명 밤, 어둠 형 야간의

nightstand [náitstænd]
  명 침실용 탁자

noon [nuːn]
  명 정오

nose [nouz]
  명 코, 후각 타 냄새를 맡다 자 냄새 맡다

More Voca
Dictionary

nostril [nástrəl]
  명 콧구멍, 콧방울

now [nau]
  부 지금(은) 접 ~이니까 명 현재 형 최신감각의

o'clock [əklák]
  부 ~시 ~시의

office [ɔ́:fis]
  명 사무실, 회사, 직장, 근무처, 연구실

old [ould]
  형 나이든, 노년의, 이전의, 구식의 명 노인들

once [wʌns]
  부 한 번 형 한때는 접 일단~하면 명 1회

only [óunli]
  부 오로지~에한하여 형 유일한 접 ~이지만 단,

onto [ántə]
  전 ~의 위에, ~과 연락을 취하고 형 ~위로 의

out [aut]
  부 밖으로 형 멀리 떨어진 명 바깥쪽 자 나가다

outside [áutsáid]
  명 바깥쪽 형 외부의 부 바깥쪽으로

oven [ʌvən]
  명 오븐, 솥, 화덕, 아궁이

over [óuvər]
  전 ~이상,~을 넘어서 부 위쪽에, 초과하여
  형 위(상부)의 명 과잉, 여분 타 ~을 넘다

pair [pɛər]
  명 한 쌍, 2인조 타 둘씩 짝을 짓다 자 쌍이되다

palm [pa:m]
  명 손바닥, 야자나무 타 손바닥에 감추다.

pan [pæn]
  명 냄비, 프라이팬 자 냄비로익히다

park [pa:rk]
  명 공원, ,경기장, 주차장 타 주차 시키다

party [pá:rti]
  명 모임, 파티, 정당, 단체 형 당파 적인

people [pí:pl]
  명 사람들, 국민, 주민, 인간, 대중

phone [foun]
  명 전화, 휴대폰, 수화기 타 전화 하다

pillow [pílou]
  명 베개, 방석 타 베게에 얹다, 기대다

pillowcase [píloukeis]
  명 베갯잇, 베개 커버

pinkie finger [píŋki fíŋgər]
  명 새끼 손가락

pinkie toe [píŋki tou]
  명 새끼 발가락

place [pleis]
  명 장소, 곳, 입장, 처지, 집, 지역
  타 두다, 설치하다 자 3등 안에 입상하다

play [plei]
  명 연극, 놀이, 경기
  타 놀이하다, 경기하다, 연주 하다

please [pli:z]
  부 제발, 부디 타 기쁘게 하다, 만족 시키다
  자 남의 마음에 들다

pond [pand]
  명 연못, 호수, 우물

More Voca
Dictionary

porch [pɔːrtʃ]
- 명 현관, 문간, 현관 앞으로 지붕을 달아낸 부분

powerful [páuərfəl]
- 형 강력한, 힘있는, 세력이 있는, 유력한

pray [prei]
- 타 ~을 빌다, 기도하다, 기원하다, 바라다

press [pres]
- 타 ~을 누르다, 압박 하다, 강요 하다
- 자 밀다, 밀어 붙이다 명 출판물, 보도 기관

printer [príntər]
- 명 프린터, 인쇄기, 인쇄업자

problem [prɑ́bləm]
- 명 문제, 과제, 고민, 의문, 골칫거리
- 형 다루기 어려운, 제멋대로 하는

propose [prəpóuz]
- 타 제안 하다, 제의 하다, 제시 하다, 청혼 하다

publish [pʌ́bliʃ]
- 타 출판하다, 정식 발표하다, 공시 하다

pupil [pjúːpl]
- 명 학생, 제자, 문하생, 동공, 눈동자

put [put]
- 타 놓다, 두다, 얹다, 넣다, 제출하다, 붙이다
- 자 나아가다, 진로를 잡다 명 던지기, 밀기

q **question** [kwéstʃən]
- 명 질문, 문제, 의문 타 ~에 대해 질문하다

r **radiator** [réidièitər]
- 명 방열기(난방기), 자동차 등의 냉각기

raise [reiz]
- 타 높이다, 올리다, 오르다, 제기하다 명 인상

receive [risíːv]
- 타 ~을 받다, 상을 받다, 경험하다, 접수하다

refrigerator [rifrídʒərèitər]
- 명 냉장고, 냉각(냉동)장치

repair [ripέər]
- 타 ~을 수리하다, 고치다, 회복 하다, 치료 하다
- 명 수리, 수선, 손질, 회복

repairman [ripέərmæn]
- 명 수리공(특히 자동차의)

rest [rest]
- 명 휴식, 휴양, 안심, 죽다 타 ~을 쉬게 하다

restroom [restruːm]
- 명 화장실(호텔, 식당, 극장 등의), 휴게실

rice cooker [rais kúkər]
- 명 (전기) 밥솥

rich [ritʃ]
- 형 부자의, 부유한, 풍부한, 많은, 풍요로운

ring [riŋ fíŋgər]
- 명 반지, 고리, 귀고리 타 에워싸다, 둘러싸다
- 자 울리다, 전화하다

ring finger [riŋ fíŋgər]
- 형 약지, 네번 째 손가락, 무명지

rise [raiz]
- 자 오르다, 증가하다, 상승하다, 늘다 명 증가

river [rívər]
- 명 강, 하천

rock [rak]
- 명 바위, 암석, 돌, 암벽
- 자 앞뒤로 흔들리다 타 ~을 흔들다

More Voca
Dictionary

rod [rad]
- 명 막대기, 매, 낚싯대, 로드

roof [ru:f]
- 명 지붕, 옥상, 천장 타 지붕을 ~으로 만들다

room [ru:m]
- 명 방, 여지, 공간, 자리 자 ~집에 하숙하다

rug [rʌg]
- 명 깔개, 융단, 양탄자(방바닥 중앙, 난로 앞)

runny [rʌni]
- 형 콧물이 나는, 너무 무른, 흐르기 잘하는

S save [seiv]
- 타 ~을 구하다, 구조하다, 저축하다, 저장하다

scar [ska:r]
- 명 상처 흉터, 자국 타 ~에 자국을 남기다

school [sku:l]
- 명 학교, 대학, 학부, 학파 타 ~을 훈련시키다

sea wall [síːwɔ̀ːl]
- 명 방파제, 제방, 방조벽 (sea bank)

sealed [si:ld]
- 형 (용기 등이) 밀봉된, 봉인을 한, 포장된

second [sékənd]
- 형 두 번째의, 다음의, 또 하나의, 다른
- 명 두 번째의 것, 보좌관 타 보충하다, 보강하다

see [si:]
- 타 ~을 보다, ~을 구경하다, ~을 알다
- 자 보다, 이해해다, 확인하다

several [sévərəl]
- 형 몇몇의, 여러 가지의, 수 많은
- 명 몇몇

shake [ʃeik]
- 자 흔들리다, 떨다, 부들부들 떨다
- 타 흔들다, 악수하다

shampoo [ʃæmpúː]
- 명 머리 감기, 머리 감는 액체 타 머리를 감다

shark [ʃa:rk]
- 명 상어, 탐욕스러운 사람 자 사기치다

sharp [ʃa:rp]
- 형 날카로운, 급격한, 뾰족한, 뚜렷한
- 명 샤프, 날카로운 것(재봉 바늘)

shin [ʃin]
- 명 정강이, 정강이 뼈 타 기어 오르다

shirt [ʃə:rt]
- 명 (주로 남자용의) 셔츠, 와이셔츠, 옷

shock [ʃak]
- 명 충격, 심한 진동, 갑작스런 소동
- 타 (남에게) 충격을 주다, 감전 시키다

shoe closet [ʃu: klɑ́zit]
- 명 신발장(현관 주변에있는 벽장)

shoe shelf [ʃu: ʃelf]
- 명 신발 선반 (선방형 신발장)

should [ʃóuldər]
- 조 아마 ~일 것이다, ~ 해야 한다

shoulder [plei]
- 명 어깨, 갓길 타 ~을 짊어지다.

shower curtain [ʃáuər kə́:rtn]
- 명 샤워 커튼

shower curtain rod [ʃáuər kə́:rtn rad]
- 명 샤워 커튼 걸이(긴 막대)

More Voca
Dictionary

shower head [ʃáuər spʌ́dʒ]
  명 샤워기의 분수구

shower sponge [ʃáuər páuərfəl]
  명 샤워 스펀지(해면)

sister [sístər]
  명 여동생, 언니, 자매, 누나, 수녀

sleep [sli:p]
  자 자다, 재우다, 숙면하다 명 잠, 수면

small [smɔ:l]
  형 작은, 소형의, 소규모의 부 작게 명 작은 것

smart [sma:rt]
  형 영리한, 재치있는, 현명한, 멋있는
  자 (상처가) 욱신 거리다, 쑤시고 아프다

smell [smel]
  타 ~의 냄새를 맡다 자 냄새가 나다
  명 냄새, 후각, 향기, 낌새, 기미

smoke [smouk]
  명 연기, 매연, 흡연 자 연기를 뿜다, 흡연 하다

snow [snou]
  명 눈, 설원(보통 snows) 자 눈이 내리다

soap [soup]
  명 비누, 드라마 타 ~에 비누칠 하다

sofa [sóufə]
  명 소파 긴 의자

sole [soul]
  형 유일한, 단독의, 독점적인
  명 발바닥, 구두창, 밑창

some [səm]
  형 일부, 어떤, 누군가 대 약간, 다소

somebody [sʌ́mbàdi]
  대 어떤 사람, 누군가 명 대단한 사람

son [sʌn]
  명 아들, 자식, 양자, 자손

soup [su:p]
  명 수프, 죽

space heater [speis hí:tər]
  명 실내용 난방기구, 온수기, 난로, 전열기

spare [spɛər]
  타 아끼다, 할애하다 형 예비의 명 예비품

spoil [spɔil]
  타 망치다, 버릇없이 만들다, 상하다

sports [spɔ:rts]
  명 스포츠, 운동, 경기, 체육

square [skwɛər]
  명 정사각형, 광장, 네모, 제곱

squeeze [skwi:z]
  타 ~을 짜다, 짜내다. 압박하다 명 짜기

stain [stein]
  명 얼룩, 자국, 오염, 오점 타 얼룩지게 하다

stay [stei]
  자 머무르다, 지내다, 유지하다, 체류하다
  타 ~을 멈추게하다, 정지시키다

steak [steik]
  명 스테이크

steal [sti:l]
  타 ~을 훔치다 자 도둑질 하다, 도루 하다

steam [sti:m]
  명 증기, 수증기 자 증발하다, 화내다

More Voca
Dictionary

step [step]
  명 걸음, 걸음걸이, 조치, 단계, 계단

still [stil]
  형 정지해 있는, 소리 없는, 조용한
  부 여전히, 아직도, 가만히, 역시

stomach [stʌmək]
  명 배, 위, 복부, 식욕

stomachache [stʌməkeik]
  명 복통, 위통, 배탈, 배가아프다

stone [stoun]
  명 돌, 석재, 보석, 석판 형 석기의 부 완전히

stop [stap]
  타 ~을 그만두다, 멈추다, 세우다, 끊다
  명 멈추기, 정거장, 정류소, 휴식, 정차

storage [stɔ́:ridʒ]
  명 저장, 보관, 창고 보관, 컴퓨터 기억장치

store [stɔ:r]
  명 가게, 상점, 매장, 저장, 점포 형 비축된
  타 ~을 비축(출적,저장) 하다

street [stri:t]
  명 거리, 길, 도로, 가로(시내에있는 도로)

student [stju:dnt]
  명 학생, 생도, 연구생

study [stʌdi]
  명 연구, 공부, 조사, 학업 타 공부하다, 배우다

stuff [stʌf]
  명 물질, 재료, 물건 타 ~에 채우다, 넣다

subway [sʌbwèi]
  명 지하철, 지하도

success [səksés]
  명 성공, 성과, 성공한 사람, 달성

sun [sʌn]
  명 태양, 해, 햇볕

sunday [sʌndei]
  명 일요일, (기독교에서 안식일)

supply [səplái]
  타 공급하다, 지급하다 명 공급, 물품

sure [ʃuər]
  형 확신하고, 확실한, 신뢰할 수 있는
  부 확실히, 틀림없이, 정말로, 물론, 꼭

sustain [səstéin]
  타 떠받치다, 견디다, 부상을 입다, 유지하다

sweater [swétər]
  명 스웨터, 땀을 흘리는 사람(것)

switch [switʃ]
  명 전기 스위치, 개폐기
  자 바꾸다, 전환하다, 갈아타다, 대체 하다

swivel [swívəl]
  명 회전 고리 타 ~에 회전 고리를 달다

sword [sɔ:rd]
  명 검, 칼

t table [téibl]
  명 테이블, 식탁, 탁자, 표, 목록

table lamp [téibl læmp]
  명 탁상 램프, 테이블 전등

tablecloth [téiblklɔ:θ]
  명 테이블 보, 테이블 커버

More Voca
Dictionary

take a nap [téik ə næp]
- 자다

take a shower [teik ə ʃáuər]
- 샤워 하다

talk [tɔ:k]
- 자 말하다, 이야기하다, 대화하다
- 명 회담, 회의, 대화

tall [tɔ:l]
- 형 키가 큰, 높은, 긴, 높이가 ~인

taxi [tǽksi]
- 명 택시 자 비행기가 유도로를 이동하다

teenager [tí:nèidʒər]
- 명 십대, 10대 청소년

teeth [ti:θ]
- 명 차아 들 (tooth의 복수 형)

telephone [téləfòun]
- 명 전화, 전화기, 통화

tell [tel]
- 타 말하다, 이야기 하다

terrace [térəs]
- 명 테라스, 계단식 대지

there [ðər]
- 부 거기에, 그곳에서 명 거기, 그 곳

thigh [θai]
- 명 허벅지, 넓적다리, 대퇴부

thin [θin]
- 형 얇은, 홀쭉한, 마른, 가느다란, 묽은

third [θə:rd]
- 형 제3의, 세 번째의, 3분의 1.

those [ðouz]
- 대 그것들, 그들, 저것들

three [θri:]
- 명 셋, 3

three-story building [θri:-stɔ́:ri bíldiŋ]
- 명 3층건물, 빌딩

thrice [θrais]
- 부 세 번, 3회 (=three times)

thumb [θʌm]
- 명 엄지손가락 타 ~을 대충 훑어보다

time [taim]
- 명 시간, 때, 시기, 세월, 동안, 당시

toaster [tóustər]
- 명 토스터(빵굽는 기계, 사람), 건배하는 사람

today [tədéi]
- 명 오늘, 오늘날, 현재, 지금, 요즘

toilet [tɔ́ilit]
- 명 화장실, 변기

toilet lid [tɔ́ilit lid]
- 명 변기 뚜껑

toilet paper [tɔ́ilit péipər]
- 명 화장지, 휴지 (보통 두루마리)

toilet seat [tɔ́ilit si:t]
- 명 변기 의자, 변기 착좌석

tongue [tʌŋ]
- 명 혀, 말, 입, 언어

tonight [tənáit]
- 명 오늘 밤 (관사 없이 사용)
- 부 오늘 밤에

More Voca
Dictionary

tooth [tu:θ]
  명 이, 치아, 톱니, 날

toothbrush [tu:θbrʌʃ]
  명 칫솔

toothpaste [tu:θpeist]
  명 치약

top [tap]
  명 정상, 맨 위, 꼭대기 형 정상의, 최고의

towel rack [táuəl ræk]
  명 수건 걸이, 수건 선반 (그물 선반)

town [taun]
  명 마을, 동네, 읍, 도시

trashcan [træʃkən]
  명 쓰레기통, 금속 으로 만든 쓰레기 통

treatment [trí:tmənt]
  명 대우, 치료, 처리, 린스

tree [tri:]
  명 나무, 트리, 가계도, 수목, 관계

truck [trʌk]
  명 트럭, 화물차

tube [tju:b]
  명 튜브, 관, 터널, 빨대, 텔레비전

tummy [tʌmi]
  명 배, 어린아이의 배 (유아어)

tummyache [tʌmièik]
  명 배아픔, 복통

turn off [tə:rn ɔ:f]
  타 끄다, 쫓아버리다, 잠그다, 벗어나다

turn on [tə:rn ən]
  타 켜다, 흥분 시키다, 흥미를 갖게 하다

twice [twais]
  부 두 번, 두 배, 다시

two [tu:]
  명 2, 둘

u uncle [ʌŋkl]
  명 삼촌, 아저씨, 백부, 숙부, 고모부, 이모부

unique [ju:ní:k]
  형 유일한, 독특한, 특별한, 특이한

upstairs [ʌpstéərz]
  부 위층으로, 한 층위에 명 윗 층

use [ju:z]
  타 쓰다, 사용하다, 이용하다, 활용하다
  명 사용법, 어법, 효용, 효과, 관습, 습관

usually [jú:ʒuəli]
  부 보통, 대개, 일반적으로, 늘, 평소

v vacuum [vækjuəm]
  명 진공, 공백, 진공 청소기 형 진공의

vanity table [vænəti téibl]
  명 화장대 (=dressing table)

vent [vent]
  명 구멍, 관, 파이프, 배기구, 배출구
  타 발산하다, 배출하다, 노출하다

veranda [vərændə]
  명 베란다, 툇마루

very [véri]
  부 대단히, 매우, 무척, 아주
  형 꼭, 딱, 바로, 다름아닌

206

More Voca
Dictionary

visit [vízit]
  타 방문하다, 찾아가다, 체류하다
  명 방문, 구경, 체재 (=stay)

W waist [weist]
  명 허리, 허리의 잘록한 부분, 허리의 치수

waiting room [wéitiŋ ru:m]
  명 대기실 (역, 병원 등의)

wall [wɔ:l]
  명 벽, 칸막이, 담, 장벽, 장애, 제방, 둑

want [want]
  타 ~을 원하다, 바라다, 갖고 싶어하다
  명 결핍, 부족, 빈곤, 가난

wardrobe [wɔ́:rdroub]
  명 의상, 옷장, (극장의) 의상실

warm [wɔ:rm]
  형 따뜻한, 온난한, 훈훈한
  타 ~을 따뜻하게 하다

wash [waʃ]
  타 ~을 씻다, 세탁하다, 닦다, 침식하다

washcloth [waʃ klɔ:θ]
  명 마른 행주, 세수 수건, 수건

washing machine [wáʃiŋ məʃí:n]
  명 세탁기

watch [watʃ]
  자 보다, 관람하다, 지켜보다, 감시하다 명 시계

water [wɔ́:tər]
  명 물, 바다, 수역, 수분, 수면 타 물을 뿌리다

water purifier [wɔ́:tər pjúərəfàiər]
  명 정수기, 물 정화장치, 물 정화기

wave [weiv]
  명 파도, 유행, 파장, 변화 자 물결 치다

wear [wɛər]
  타 입다, 쓰다, 착용하다, 끼다 명 옷

week [wi:k]
  명 주, 일주일, 주간

well [wel]
  부 잘, 충분히 형 건강한, 나은 명 우물

when [hwən]
  부 언제, 어느 때에 접 ~인 경우에 명 때

where [hwɛər]
  부 어디에, 어느 쪽으로 접 ~ 하는 곳에서

wife [waif]
  명 아내, 부인, 처, 와이프

window [wíndou]
  명 창, 창문, 진열 창, 유리 창

windowsil [wíndousìl]
  명 창턱, 창의 아래틀

winter [wíntər]
  명 겨울, 동계, 추운 기간, 겨울의

wipe off [waip ɔ:f]
  타 ~을 닦다

with [wəð]
  전 ~과 함께, ~과 같이, 더불어, 때문에

woman [wúmən]
  명 여성, 여자, 여인, 부인

work [wə:rk]
  자 일하다, 작업하다, 종사하다, 몰두하다
  명 일, 작업, 작품, 직업, 연구

More Voca
Dictionary

worker [wə́:rkər]
　명 근로자, 노동자, 일 하는 사람, 일벌

wrinkle [ríŋkl]
　명 주름, 주름 살, 결점 타 ~에 주름을 잡다

wrist [rist]
　명 손목, 손목관절, (옷의) 손목 부분

write [rait]
　타 쓰다, 적다, 작성하다, 작곡하다, 작문

y

yard [ja:rd]
　명 야드(1야드=0.9144m), 마당, 운동장

year [jiər]
　명 연, 1년, 연도, 나이, 학년, 연령

yesterday [jéstərdèi]
　부 어제, 바로 얼마전에 명 어제

young [jʌŋ]
　형 젊은, 어린, 연소한 명 젊은이들, 새끼

your [jər]
　대 당신의, 여러분의, 너의, 자네의

Vocalips Season 2
Contents

01. Nuclear Family [핵가족]

02. Extended Family [대가족]

03. Meals [음식들]

04. Vegetables [야채들]

05. Flavoring [양념]

06. Transportation [교통수단]

07. Street and Places [거리와 장소들]

08. Shops and Stores [상점과 가게들]

09. Buildings [빌딩들]

10. Nature [자연]

Love, your Sheila